Sarah Despoisse
alias Les Plaisanteries

Couture MAISON DURABLE

Créer pour mieux vivre

20 projets zéro déchet pour remplacer les objets jetables du quotidien !

l'inédite

SOMMAIRE

NIVEAUX DE DIFFICULTÉ DES MODÈLES

*	Facile
* *	Moyen
* * *	Difficile

Modèles

INTRODUCTION

À travers ce livre de couture, j'aimerais vous faire partager ma vision du zéro déchet, souple et déculpabilisée. Elle consiste en grande partie à chercher à réduire notre utilisation du plastique, en remplaçant cette matière toxique et polluante par des accessoires en tissu, réutilisables et durables, lorsque cela s'y prête et n'alourdit pas les tâches ménagères.

Coudre avec un objectif écologique, c'est aussi pour moi une façon de s'affranchir vis-à-vis des marques et de la société de consommation. Nous pouvons ainsi nous recentrer sur nos besoins réels, éliminer le superflu et réfléchir à notre mode de vie : ai-je réellement besoin de cet objet ? Tout cet emballage est-il réellement nécessaire ? En se posant ces questions, on revient très naturellement au DIY pour toutes les pièces de la maison et même à l'extérieur.

Cette responsabilisation s'accompagne aussi, et heureusement, de plaisirs simples, à commencer par la joie de créer pour soi, dans son quotidien, en s'entourant de couleurs et motifs qu'on a choisis soi-même.

J'espère que vous aurez plaisir à coudre les 20 projets de ce livre, pour vous entourer d'objets durables, responsables et personnalisés, accessibles aux débutants en couture. J'ai hâte de découvrir vos réalisations !

Partagez vos projets sur les réseaux avec le hashtag :
#couturemaisondurable

MATÉRIEL

LES TISSUS

Pour vos choix de tissus, utilisez de préférence des matières naturelles telles que le coton ou le lin, qui sont durables et plus écologiques que les tissus synthétiques. Vous pourrez aussi les entretenir facilement.

Veillez à laver vos créations avant de les utiliser, de façon à retirer l'apprêt des tissus et d'éventuels résidus d'encres ou teintures. Si vous êtes particulièrement soucieux d'écologie, pensez aux labels : coton biologique, Oeko-Tex, pour commencer, ou encore mieux, GOTS.

Vous pouvez aussi recycler du linge ancien, le teindre avec des matières végétales, le tamponner avec des encres à l'eau pour le personnaliser, le broder...
Ou encore réutiliser le tissu de vêtements un peu usés, tels que des chemises d'homme en coton ou en lin.

LE MATÉRIEL DE BASE

Aiguille à coudre : prévoyez une aiguille classique pour réaliser plusieurs petites coutures à la main.

Biais : un biais est une bande de tissu coupée dans l'oblique du tissu. Plié sur lui-même, il permet d'entourer la lisière d'un tissu en réalisant une jolie bordure.

Ciseaux de couture : réservez votre paire de ciseaux de couture au tissu et à la mercerie. Si vous vous en servez pour couper du papier, cela risque d'émousser leur lame. Choisissez-les ni trop petits ni trop grands, pour qu'ils restent maniables tout en étant efficaces.

Compas : pour plusieurs projets, vous aurez besoin de tracer des cercles. Des verres, saladiers ou plateaux de différentes tailles vous serviront également à dessiner des arrondis.

Craie de couture ou stylo effaçable : pour tracer les pièces de tissu à découper, on utilise un crayon, un stylo ou une craie de couleur contrastante, qui s'efface au lavage (ou à la chaleur).

Entoilage thermocollant : c'est une sorte de doublure en tissu encollé d'un côté, à fixer au fer à repasser sur l'envers des tissus pour renforcer leur tenue ou les rigidifier.

Épingle à nourrice : elle vous sera utile pour réaliser les projets avec une coulisse ou pour retourner des anses sur l'endroit.

Équerre : pour la plupart des montages, vous aurez besoin de prendre des mesures très précises et de découper des angles bien droits.

Fer à repasser : au cours de vos réalisations, repassez les coutures au fur et à mesure pour obtenir de jolies finitions, y compris sur l'envers de votre ouvrage.

Fils à coudre : assortissez vos fils à vos tissus, en particulier pour que les coutures soient les plus discrètes possible (ton sur ton pour un tissu uni, ou dans l'un des tons pour un tissu à motifs). Un fil contrastant peut aussi avoir un joli effet si vous avez acquis un peu d'expérience et que vos coutures sont bien régulières.

Machine à coudre : pour les réalisations de ce livre, vous aurez besoin d'une machine proposant les points de base (point avant, arrière, surfil). Vous aurez aussi besoin d'un pied de biche classique et d'un pied de biche pour fermeture à glissière classique, ainsi que d'aiguilles simples (dont le calibre est à adapter à l'épaisseur de vos tissus).

Mètre de couturière et triple décimètre : selon les dimensions de la pièce de tissu à mesurer, vous pourrez utiliser tantôt l'un, tantôt l'autre. Le triple décimètre permettra de mesurer et tracer la plupart des pièces, sauf celles qui sont très grandes, pour lesquelles vous pourrez utiliser le mètre ruban. Le mètre permettra aussi de mesurer plus facilement les arrondis.

Passepoil : un passepoil est un petit bourrelet formé par un cordonnet entouré de tissu. Il permet d'ajouter un peu de relief en finition entre deux pièces de tissu cousues ensemble.

Pince à boutons-pression : qu'ils soient en métal ou en résine, les boutons-pression nécessitent une pince spécifique pour les mettre en place de part et d'autre des tissus.

Plioir : cet accessoire, d'habitude réservé au papier, est idéal pour repousser le tissu et former des angles bien nets.

Les termes techniques

Arrondir les angles avec un verre : l'utilisation d'un verre ou d'un bol permet d'arrondir les angles d'une pièce de tissu de façon régulière et de reporter ce même arrondi sur plusieurs côtés. Il suffit de poser le verre (tête en bas) en faisant coïncider son bord avec la lisière du tissu, de part et d'autre de l'angle à arrondir. Avec un stylo, tracez l'arrondi en suivant le bord du verre.

Bouton-pression en résine, sa pose à la pince : pour poser un bouton-pression en résine, faites un repère de ses emplacements au stylo. Percez le tissu avec la partie pointue de la pression (si le tissu est épais, aidez-vous d'un poinçon). Placez la partie creuse de l'autre côté du tissu, puis utilisez la pince pour presser les deux parties bien à la verticale. Faites de même sur l'autre partie du tissu, avec la partie en relief de la pression. Veillez à bien prévoir la position de vos pressions en testant au préalable le mouvement du tissu.

Coutures anglaises : il s'agit d'une technique de finition pour les marges de couture, qui se réalise en deux temps. On pique d'abord envers contre envers, puis endroit contre endroit, de façon à dissimuler la lisière du tissu.

Cranter : cela permet de faciliter la mise en place d'une couture en arrondi. Avec de petits ciseaux précis, faites de petites coupes perpendiculaires à la couture, depuis la lisière du tissu jusqu'à quelques millimètres avant la couture. Répétez l'opération sur tous les arrondis et espacez les crans : plus l'arrondi est marqué, plus vos crans doivent être resserrés.

Dégarnir les coins : cela permet de diminuer le repli de tissu sur l'envers de la couture et d'obtenir des coins plus nets. Coupez en biais le surplus de couture dans les angles, à quelques millimètres de la couture.

Épingler : pour préparer les coutures, vous devrez épingler les tissus bord à bord. Si vous le faites perpendiculairement au tissu, vous pourrez piquer directement à la machine en passant au-dessus des épingles (cela évite d'avoir à bâtir les coutures au préalable à la main).

Fronce : pour faire passer un fil de fronce, réalisez une petite couture en pointillés à la main avec un fil basique. Faites un nœud d'un côté et de l'autre, resserrez le tissu en tirant sur le fil pour former les fronces.

Laize : la laize désigne la largeur d'un tissu (généralement entre 1,10 m et 1,60 m pour les rouleaux de tissu les plus courants).

Marges de couture : on prévoit une quantité de tissu suffisante pour les surplus qui seront sur l'envers.

Piquer : ce terme général est employé pour désigner une couture à la machine, au point droit sur l'envers du tissu. Cette piqûre est donc invisible lorsqu'on retourne le tissu sur l'endroit. Il nécessite un petit aller-retour d'amorce et d'arrêt au début et à la fin de la couture pour maintenir le fil.

Point d'amorce et point d'arrêt : pour maintenir le fil au début et à la fin d'une couture à la machine, faites un petit aller-retour en utilisant le bouton « marche arrière » de votre machine à coudre.

Point glissé à la main : ce point glissé est à réaliser en faisant passer l'aiguille à l'horizontale sur la marge de couture, d'un côté du tissu et de l'autre alternativement. Cela permet de réaliser une couture invisible.

Surfiler : ce terme général désigne une couture à la machine, au point zig-zag. Il évite que la lisière du tissu s'effiloche.

Surpiquer : ce terme général désigne une couture à la machine, au point droit sur l'endroit du tissu. La surpiqûre est donc visible.

SE METTRE AU VERT

FACILE
*

LE CABAS

Dimensions : 30 × 40 cm • **Réalisation :** 2 h 00

De taille parfaite pour le marché, ce cabas vous incitera à acheter des produits frais et peut-être même à cuisiner !

Matériel

- Tissu non extensible épais (coton ou lin, de préférence) : 0,80 × 1,10 m de laize minimum
- Règle
- Équerre
- Craie ou stylo effaçable
- Ciseaux
- Machine à coudre
- Fer à repasser
- Fil à coudre assorti
- Verre d'environ 8 cm de diamètre

Réalisation

1 Coupez dans le tissu 1 × (42 × 78 cm), 2 × (15 × 34 cm) et 2 × (8 × 74 cm), les marges de coutures étant incluses. Avec les deux derniers morceaux, préparez les anses. Repliez sur eux-mêmes les deux morceaux de tissu, dans le sens de la longueur, endroit contre endroit. Épinglez et piquez à 1 cm du bord. Retournez les deux tubes de tissu sur l'endroit en vous aidant d'une épingle à nourrice (fixez-la à une extrémité et faites-la passer à l'intérieur du tube de tissu en guidant la base du tissu pour qu'il se retourne). Repassez les anses bien à plat en plaçant la couture au centre d'une face de chaque anse.

2 À l'aide du verre, arrondissez les angles inférieurs des parties latérales du sac. Placez les arêtes du verre contre les bords d'un angle et tracez l'arrondi, puis découpez.

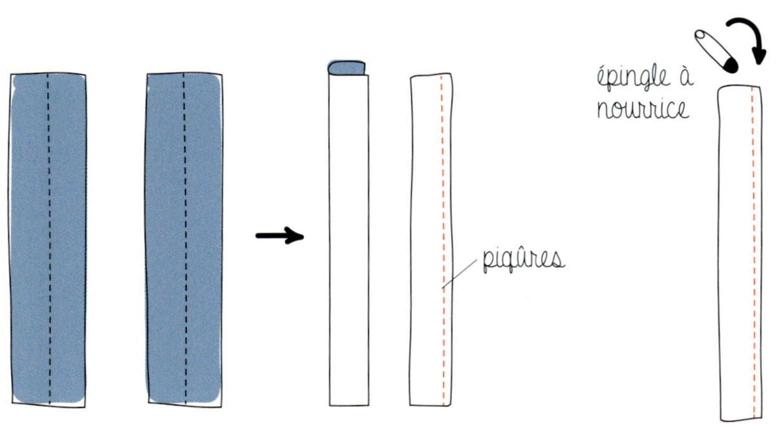

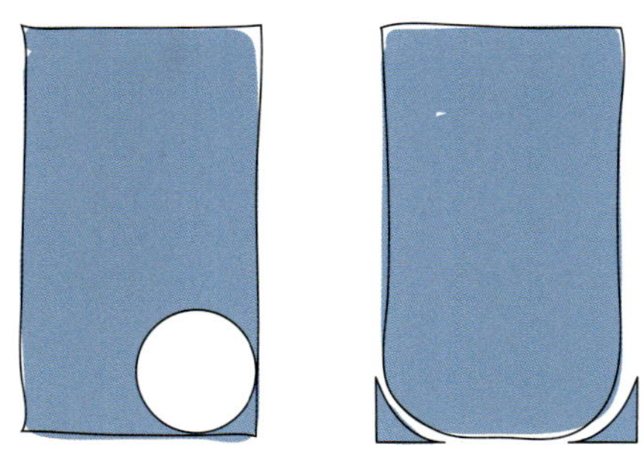

3 Préparez les plis sur les bords supérieurs des côtés et du morceau principal qui formera le corps du sac. À l'aide d'un fer à repasser, marquez deux plis, à 1 cm et à 4 cm du bord du tissu. Dépliez tous les morceaux sans coudre pour l'instant.

4 Épinglez les côtés avec le corps du sac, endroit contre endroit, en commençant par le haut pour que tous les plis soient bien alignés. Piquez à 1 cm et surfilez.

5 Laissez le sac sur l'envers. Repliez le haut du sac sur lui-même en reprenant les premiers plis formés au fer à repasser. Épinglez la bordure ainsi préparée.

6 Placez les anses (faces cousues du même côté que l'envers du sac) en glissant 1,5 cm de leurs extrémités sous la bordure du sac préalablement épinglée, à 9 cm de chaque côté. Épinglez chaque anse.

7 Piquez la bordure du sac et les anses en même temps en réalisant deux coutures parallèles à 0,5 cm, puis à 2,5 cm du bord. Augmentez la longueur du point de votre machine pour obtenir des points harmonieux lorsque vous piquerez toutes les épaisseurs ensemble. Maintenez bien les anses perpendiculaires à la bordure du sac lorsque vous piquerez. Retournez le sac sur l'endroit et repassez-le.

FACULTATIF

Pour consolider votre sac, vous pouvez ajouter des piqûres en croix à la base des anses et doubler vos coutures horizontales.

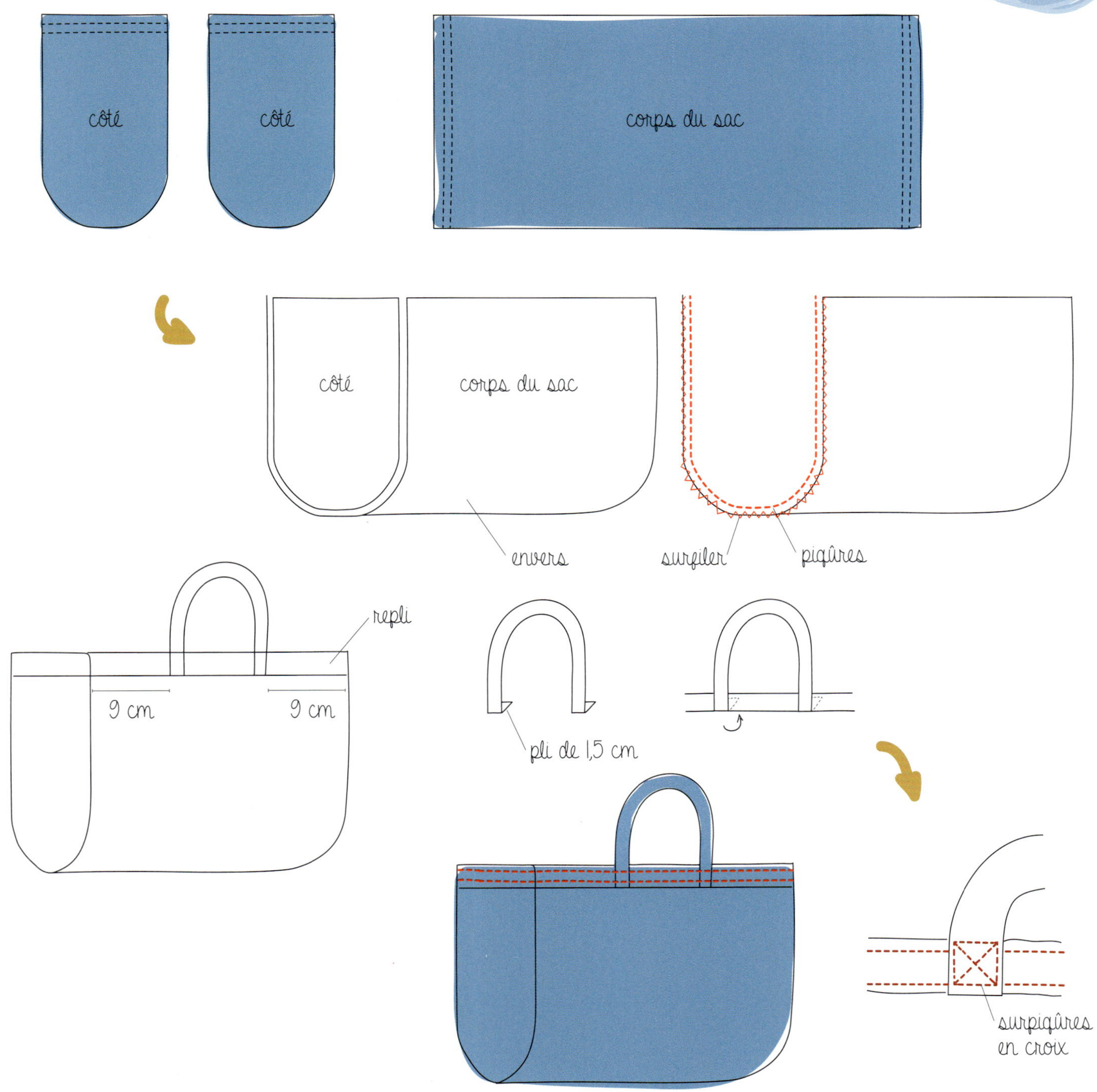
côté
côté
corps du sac
côté
corps du sac
envers
surfiler
piqûres
repli
9 cm
9 cm
pli de 1,5 cm
surpiqûres en croix

FACILE
*

NAPPE DE PIQUE-NIQUE ET SERVIETTES DE TABLE

Dimensions : nappe ronde 150 ou 140 cm et serviettes 28 × 28 cm • **Réalisation :** 3 h 00

La nappe et les serviettes pourront servir aussi bien dehors que dedans !

Matériel

- Tissu épais ou d'épaisseur moyenne, non extensible (coton ou lin) : 1,50 × 1,50 m ou 1,40 × 1,40 m de laize – pour la nappe
- Tissu fin ou d'épaisseur moyenne, non extensible (coton ou lin) : 1,00 × 1,10 m de laize minimum – pour les serviettes de table
- Biais assorti (largeur 2 cm) : 5 m
- Règle
- Mètre ruban
- Équerre
- Craie ou stylo effaçable
- Ciseaux
- Machine à coudre
- Fil à coudre assorti
- Fer à repasser

RÉALISATION

1 Commencez par la nappe. Si nécessaire, recoupez le tissu en formant un carré, 1,50 × 1,50 m par exemple. Pliez le carré en deux, endroit contre endroit, puis encore en deux.

2 À l'aide du mètre ruban, tracez l'arrondi du quart de cercle. Partez du centre et faites des repères à 75 cm (soit la moitié du diamètre de votre cercle) à la craie ou au stylo effaçable, puis rejoignez les points. Épinglez les quatre épaisseurs pour les maintenir ensemble et coupez le tissu sur la ligne.

3 Ouvrez le tissu, désormais coupé en cercle, pour recouvrir la bordure avec le biais. Ouvrez le biais et épinglez un des replis du biais tout le long du tissu, endroit contre endroit. Assouplissez le biais en le tirant légèrement pour qu'il se place bien à plat contre l'arrondi du tissu. Lorsque vous arrivez à l'extrémité du biais, repliez-le sur lui-même sur 1 cm et faites se chevaucher les deux extrémités.

4 Piquez à 1 cm, dans la pliure du biais, tout autour de la nappe. Crantez tous les 5 cm environ, selon la souplesse de votre tissu et du biais.

5 Repliez le biais sur lui-même, puis rabattez-le sur l'envers du tissu. Épinglez et surpiquez sur l'endroit de la nappe à 0,8 cm du bord (largeur d'un demi-pied de biche). Augmentez la longueur du point de votre machine pour obtenir des points harmonieux lorsque vous piquerez toutes les épaisseurs ensemble.

6 Poursuivez avec les serviettes de table. Découpez des carrés de 30 × 30 cm dans le second tissu.

7 Épinglez deux carrés bord à bord, endroit contre endroit.

8 Piquez tout autour en laissant une ouverture de 7 cm. Dégarnissez les angles.

9 Ouvrez les coutures au fer à repasser, puis retournez sur l'endroit. Poussez le tissu dans les angles et repassez bien à plat. Refermez l'ouverture à petits points glissés invisibles, réalisés à la main.

10 Surpiquez tout autour à 0,8 cm (largeur d'un demi-pied de biche).

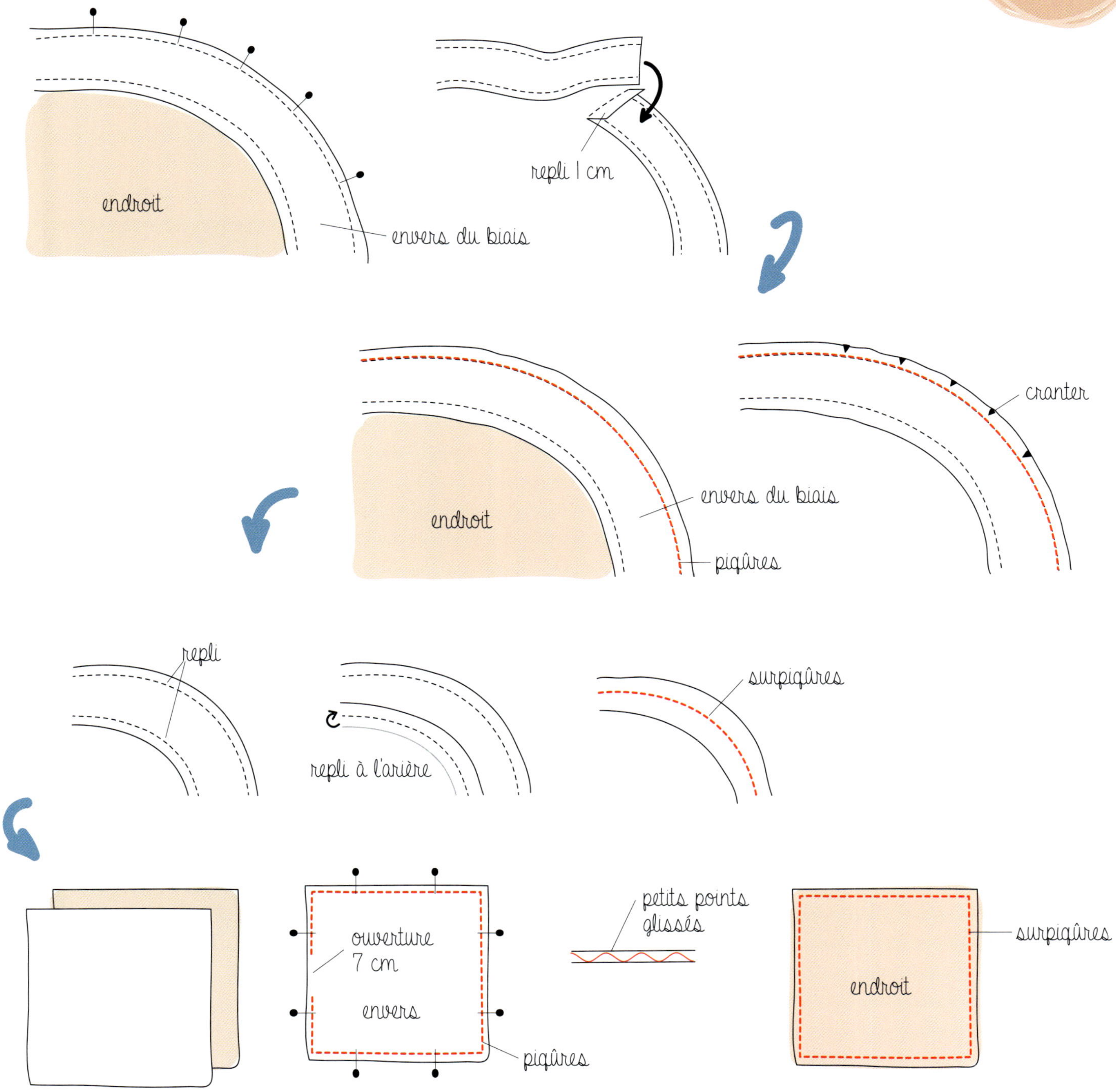
endroit
envers du biais
repli 1 cm
endroit
envers du biais
piqûres
cranter
repli
repli à l'arière
surpiqûres
ouverture
7 cm
envers
piqûres
petits points
glissés
endroit
surpiqûres

Olde English
TOFFEE ASSORTMENT
1840

FACILE *

SET DE TABLE ET POCHETTE À COUVERTS

Dimensions : 30 × 45 cm • **Réalisation** : 1 h 00

Avec la pochette à couverts intégrée, plus besoin de couverts jetables pour vos déjeuners au bureau ou en pique-nique !

Matériel

- Tissu fin ou d'épaisseur moyenne, non extensible (coton ou lin) : 0,40 × 1,10 m de laize minimum
- Chute de tissu contrasté : 10 × 14 cm
- Ruban de sergé (largeur 15 mm) : 60 cm
- Règle
- Équerre
- Crayon ou stylo effaçable
- Ciseaux
- Machine à coudre
- Fil à coudre assorti
- Fer à repasser

RÉALISATION

1 Coupez dans le tissu principal deux rectangles de 32 × 47 cm, marges incluses.

2 Préparez la pochette à couverts avec la chute de tissu contrasté : surfilez tout autour puis, à l'aide du fer à repasser, marquez un double pli sur un des petits côtés à 1 cm, puis encore 1 cm. Pliez le bord du tissu sur lui-même, épinglez et surpiquez à 0,8 cm (largeur d'un demi-pied de biche). Marquez ensuite au fer à repasser un pli à 1 cm sur les côtés et au bas de la poche.

3 Positionnez la pochette à couverts sur l'endroit d'un des rectangles, à 4 cm du bord droit et à 3 cm du bas. Surpiquez les côtés et le bas de la pochette à 3 mm du bord. Augmentez légèrement la longueur du point de votre machine pour obtenir des points harmonieux lorsque vous réaliserez la surpiqûre.

4 Placez les deux rectangles bord à bord, endroit contre endroit. Pliez le ruban de sergé en deux parties égales et glissez-le entre les deux rectangles, bien centré en hauteur, du côté opposé à la poche. Les extrémités du ruban doivent se trouvent à l'intérieur et le pli doit dépasser de 0,5 cm.

5 Épinglez tout autour et piquez à 1 cm du bord tout autour du set de table, en laissant une ouverture de 7 cm environ.

6 Dégarnissez les angles, ouvrez les coutures au fer à repasser et retournez le set de table sur l'endroit en poussant bien les angles. Refermez l'ouverture en réalisant quelques points glissés invisibles à la main. Repassez bien à plat.

7 Réalisez une surpiqûre à 5 mm tout autour du set de table pour assurer un meilleur maintien. Pour replier le set de table, roulez-le sur lui-même en commençant par la pochette à couverts et maintenez-le fermé en croisant les deux parties du ruban, puis en les nouant.

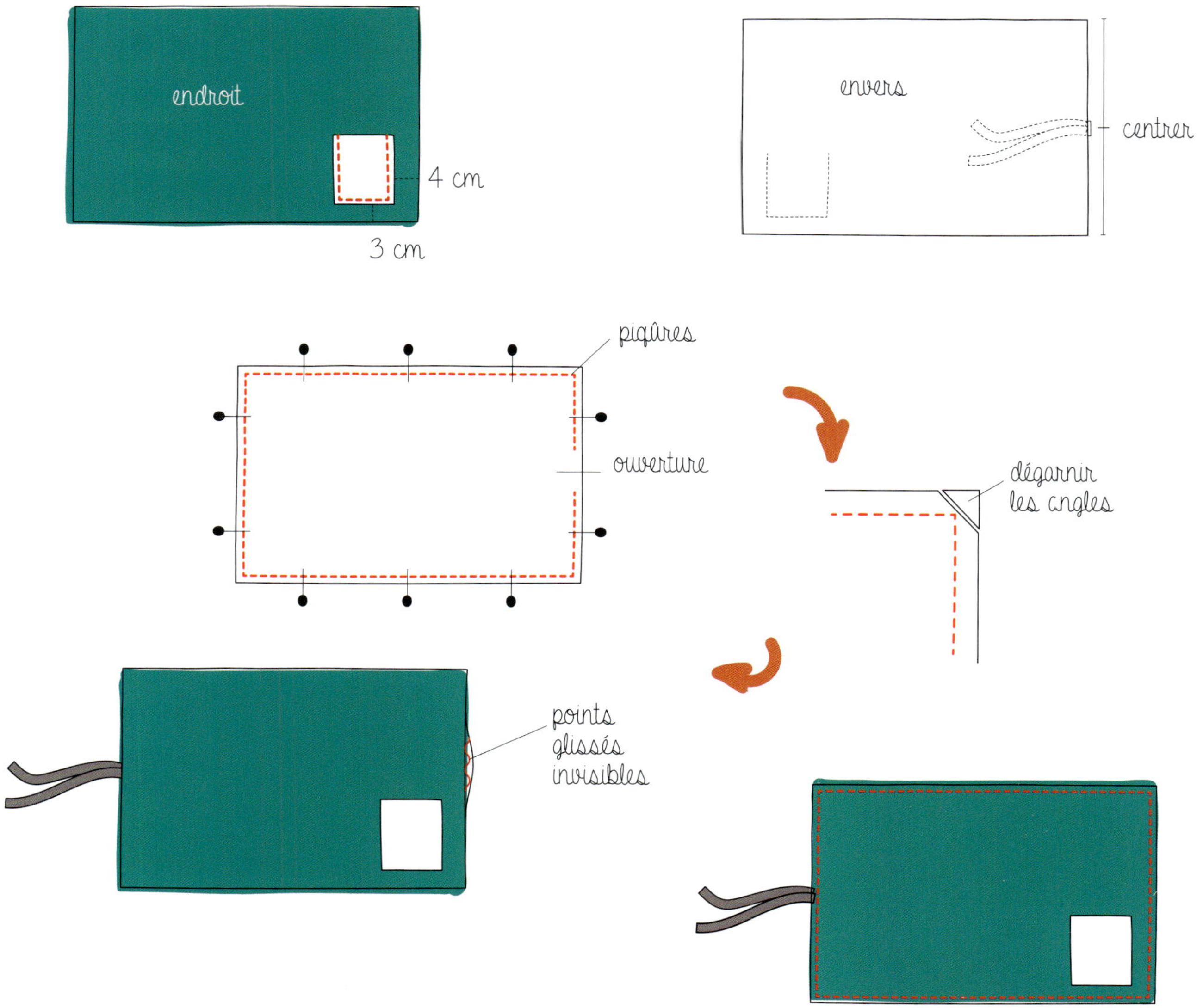

CONSOMMER DES PRODUITS FRAIS

MOYEN
**

LE TABLIER

Dimensions : 70 × 70 cm • **Réalisation :** 3 h 00

Un tablier dure toute une vie, de la cuisine au jardin, et parfois même se transmet de génération en génération, surtout s'il est fait main !

Matériel

- Tissu épais ou d'épaisseur moyenne, non extensible (coton ou lin) : 1,00 × 1,10 m de laize minimum
- Biais assorti (largeur 2 cm) : 2,05 m
- Ruban de sergé ou de satin assorti (largeur 1,5 cm) : 2,20 m
- Règle
- Équerre
- Craie ou stylo effaçable
- Ciseaux
- Machine à coudre
- Fil à coudre assorti
- Fer à repasser

RÉALISATION

1 Découpez dans le tissu un carré de 73 × 73 cm (marges incluses). Pliez-le en deux et, à l'aide de la craie ou du stylo effaçable, indiquez les repères qui vous permettront de tracer les arrondis du buste. En haut, à partir du pli, marquez un repère à 16 cm (A). À partir du bas, du côté opposé à la pliure, marquez un repère à 55 cm (B). À hauteur de poitrine, placez un point à 13 cm du haut et à 19,5 cm de la pliure (C). Tracez à la main un arrondi croisant ces trois points, de la façon la plus harmonieuse possible. Coupez les deux épaisseurs de tissu ensemble, suivant cette ligne (quelques épingles piquées au préalable vous permettront de maintenir le tissu si nécessaire).

2 Rouvrez le tissu et préparez la réalisation des bordures et ourlets. Commencez par le haut du tablier en repliant le bord du tissu sur 1 cm, puis 2 cm vers l'envers du tissu. Épinglez et surpiquez à 1,5 cm du bord, sans vous préoccuper des côtés.

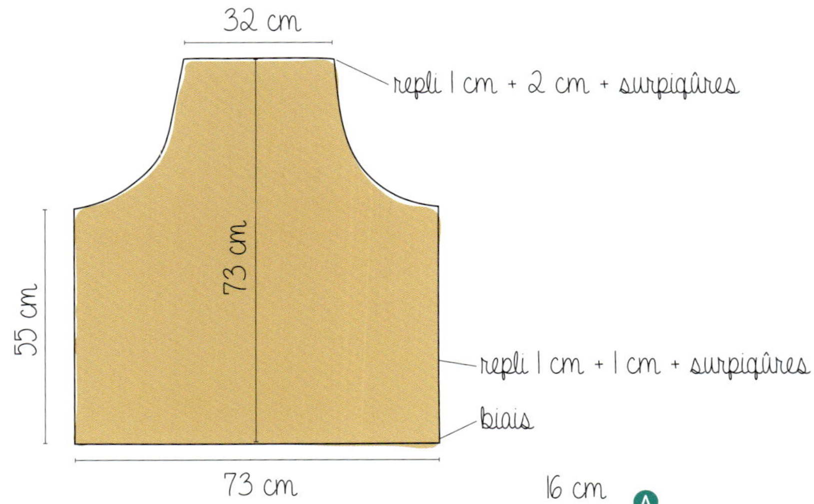

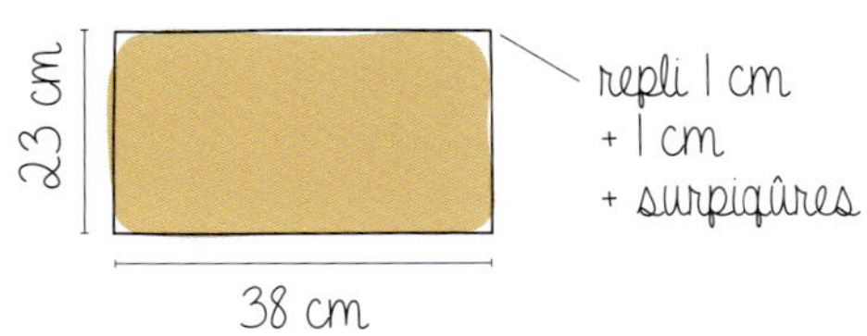

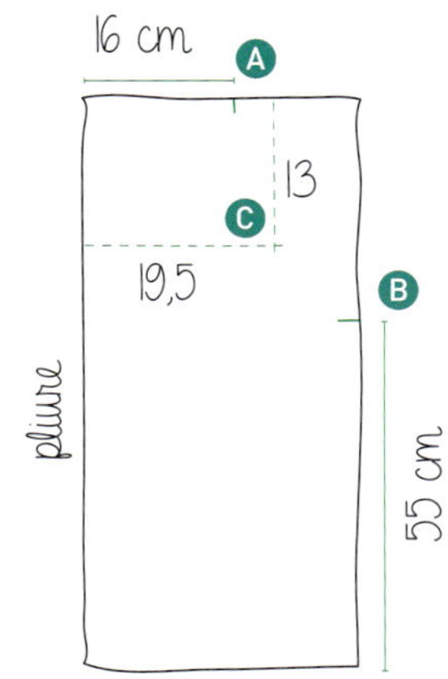

3 Poursuivez avec les côtés. Coupez le ruban de sergé ou de satin en deux, soit 1,10 m de chaque côté, afin de réaliser les liens du tablier. Positionnez une extrémité du ruban à 1,5 cm du coin supérieur, bord à bord sur l'envers du tissu. Repliez le bord de tissu, ainsi que le ruban, sur 1 cm, puis encore 1 cm vers l'envers du tissu. Chassez le ruban du côté opposé au tissu. Épinglez et surpiquez, soit en utilisant une aiguille double, soit en réalisant deux piqûres parallèles à 2 mm du bord du tissu, puis à 8 mm (demi-pied de biche). Le ruban sera maintenu grâce à ces surpiqûres. Procédez de la même façon pour l'autre côté du tablier. À l'autre extrémité des rubans, repliez 0,5 cm, puis 0,5 cm, et réalisez une petite surpiqûre.

4 Pour réaliser l'ourlet au bas du tablier, utilisez 75 cm de biais. Ouvrez le biais et positionnez un des replis au bord du tissu, endroit contre endroit. Épinglez tout du long. De chaque côté, repliez le surplus de biais vers l'envers du tablier. Piquez dans la pliure du biais, à 1 cm. Repliez le biais sur lui-même, puis rabattez-le sur l'envers du tissu. Épinglez et surpiquez sur l'endroit du tablier à 0,8 cm du bord (largeur d'un demi-pied de biche). Augmentez la longueur du point de votre machine pour obtenir des points harmonieux lorsque vous piquerez toutes les épaisseurs ensemble.

5 Utilisez la même technique pour recouvrir les arrondis du buste, de chaque côté, en utilisant le biais restant. Commencez par épingler chaque extrémité, au niveau de la taille du tablier, et poursuivez en remontant vers l'ourlet du haut (le surplus libre au centre du biais formera la boucle pour passer la tête). Une fois le biais épinglé, essayez le tablier pour vérifier l'ajustement de la boucle et réduisez-la si nécessaire. Surpiquez toute la longueur du biais en une fois.

6 Pour préparer la poche, coupez dans le tissu un rectangle de 23 × 38 cm. Sur un des deux grands côtés, formez un ourlet en repliant 1 cm, puis encore 1 cm vers l'envers du tissu. Épinglez et surpiquez à 0,8 cm du bord (demi-pied de biche). Surfilez les trois autres côtés et, à l'aide du fer à repasser, faites un pli à 1 cm sur chacun de ces trois côtés. Plaquez la poche, bien centrée, à 16,5 cm du bas du tablier. Épinglez en pliant bien les coins pour former un angle droit et surpiquez les côtés et le bas de la poche à 3 mm.

Version enfant

Métrage supplémentaire : 0,50 × 1,10 m de laize minimum, 77 cm de biais et 80 cm de ruban

Suivez les mêmes étapes en partant d'un rectangle de 35 × 46 cm. Pliez-le en deux dans le sens de la longueur, comme pour la version adulte, et placez les repères de coupe. En haut, à partir du pli, marquez un repère à 9,5 cm. À partir du bas, du côté opposé à la pliure, marquez un repère à 30 cm. À hauteur de poitrine, placez un point à 8 cm du haut et à 12 cm de la pliure. Réalisez les mêmes ourlets que pour la version adulte. La longueur de ruban pour le lien est de 2 × 40 cm. La poche est de 15 × 22 cm (avant de réaliser les ourlets), à placer à 12 cm du bas du tablier.

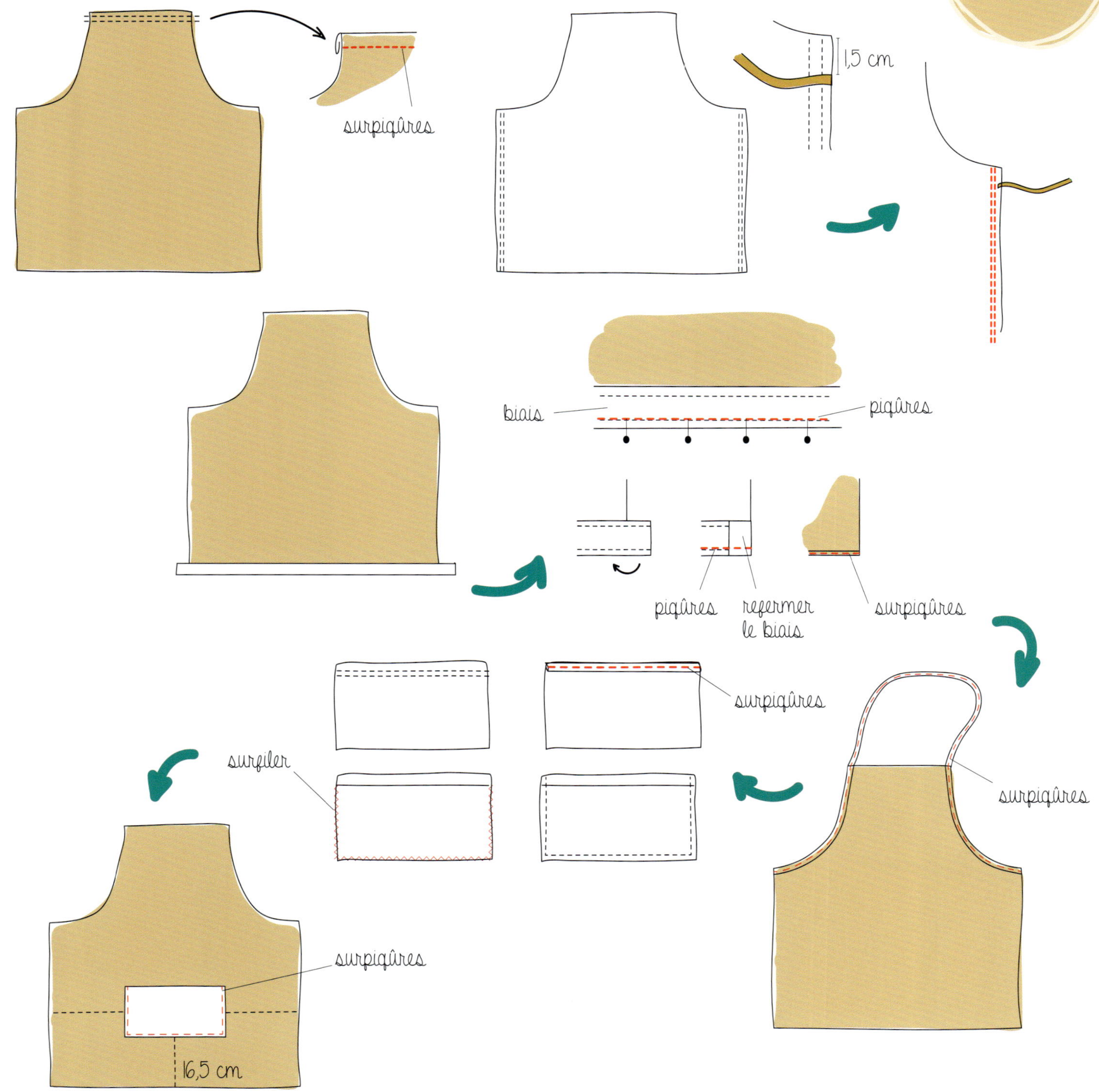
surpiqûres
1,5 cm
biais
piqûres
piqûres
refermer le biais
surpiqûres
surpiqûres
surfiler
surpiqûres
surpiqûres
16,5 cm

FACILE
*

LE LUNCH BAG

Dimensions : 20 × 22 × 12 cm • **Réalisation :** 1 h 30

Apporter son déjeuner au travail incite à préparer des produits frais, et en plus cela permet de réduire sensiblement sa consommation d'emballages jetables !

Matériel

- Tissu non extensible épais (coton ou lin, de préférence) : 35 × 80 cm (ou si votre tissu comporte un motif, 0,80 × 1,10 m de laize minimum)
- Entoilage thermocollant fort : 35 × 80 cm
- Pressions en résine : 2
- Règle
- Équerre
- Craie ou stylo effaçable
- Ciseaux
- Machine à coudre
- Fer à repasser
- Fil à coudre assorti

Réalisation

1 Coupez dans le tissu principal 1 × (35 × 80 cm), les marges de couture étant incluses. Si ce n'est pas déjà fait, coupez l'entoilage thermocollant aux mêmes dimensions. Thermocollez l'entoilage sur l'envers du tissu. Surfilez les deux épaisseurs ensemble.

2 Sur les petits côtés, à l'aide du fer à repasser, marquez vers l'envers un double pli à 1 cm du bord du tissu, puis à 1,5 cm du premier pli. Rouvrez ces plis et marquez un nouveau pli sur les grands côtés à 7 cm. Dépliez pour l'étape suivante.

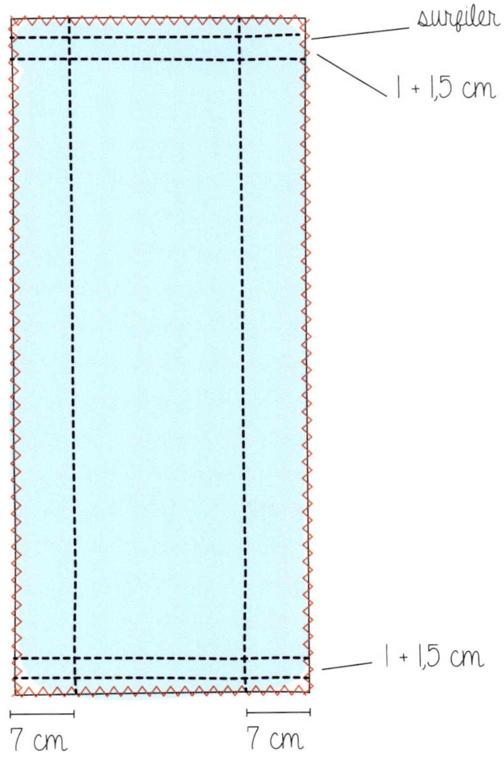

3 Pliez le tissu en deux, endroit contre endroit, épinglez les côtés du sac et piquez à 1 cm jusqu'au bord haut. Repassez en ouvrant les coutures.

4 Repliez le haut du sac suivant les plis préalablement marqués, épinglez et surpiquez tout autour de l'ouverture du sac à 1 cm.

5 À l'aide du fer à repasser, marquez bien le pli au fond du sac et aplatissez les coins en faisant coïncider ce pli avec les coutures latérales, de façon à obtenir une épaisseur de 12 cm (soit 6 cm sur la couture à partir du coin). Tracez au stylo effaçable une ligne bien perpendiculaire à la couture. Épinglez et piquez sur cette ligne. Selon la tenue de votre tissu, vous pouvez laisser les coins tels quels ou bien couper l'excédent de tissu et surfiler la marge de couture. Un tissu un peu souple se tiendra mieux si vous conservez le surplus.

6 Retournez le sac et placez les pressions sur l'endroit du tissu en deux temps : sur une face les parties mâles, à 2 cm du bord du sac, espacées entre elles de 13 cm (soit 6,5 cm du milieu du sac), et sur l'autre face les parties femelles, à 12 cm du bord du sac, suivant le même espacement. L'envers des pressions doit se trouver à l'intérieur du sac pour les deux faces. Il faudra rouler le bord du lunch bag sur lui-même pour le fermer, à la façon d'un sac en papier.

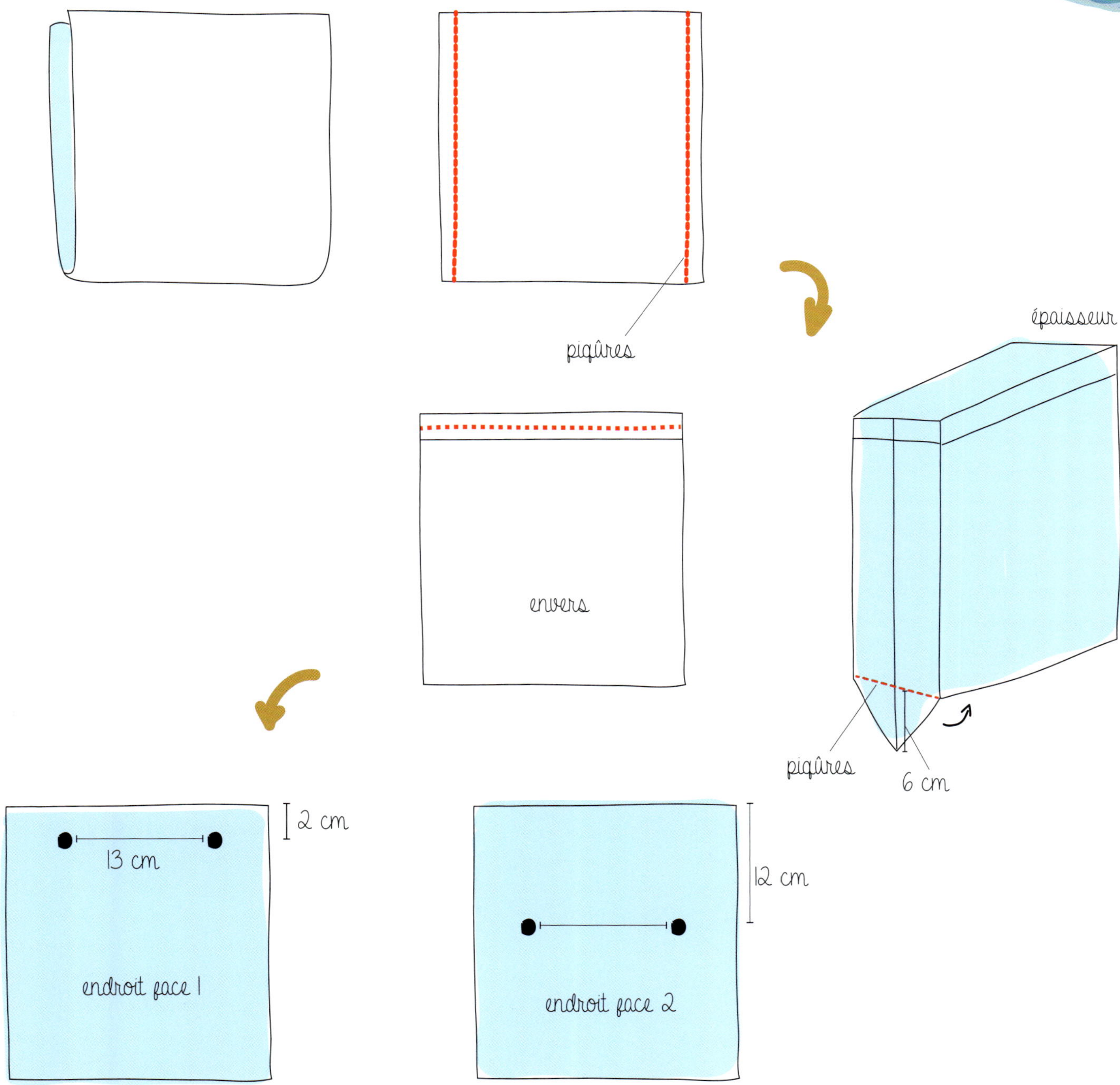
piqûres
épaisseur
envers
piqûres
6 cm
2 cm
13 cm
endroit face 1
12 cm
endroit face 2

FACILE
*

LES CHARLOTTES À SALADIER

Dimensions : à adapter au diamètre du saladier • **Réalisation :** 1 h 30

Ces charlottes sont très résistantes et passent à la machine, plus besoin de film alimentaire !

Matériel

- Tissu fin ou d'épaisseur moyenne, non extensible (coton ou lin) : 0,70 × 1,10 m de laize minimum pour 3 charlottes-couvercles adaptées à une série de récipients de 23, 18 et 15 cm de diamètre
- Élastique plat (largeur 5 mm) : 2,00 m
- Compas
- Épingle à nourrice
- Crayon ou stylo effaçable
- Ciseaux
- Machine à coudre
- Fil à coudre assorti
- Fer à repasser

RÉALISATION

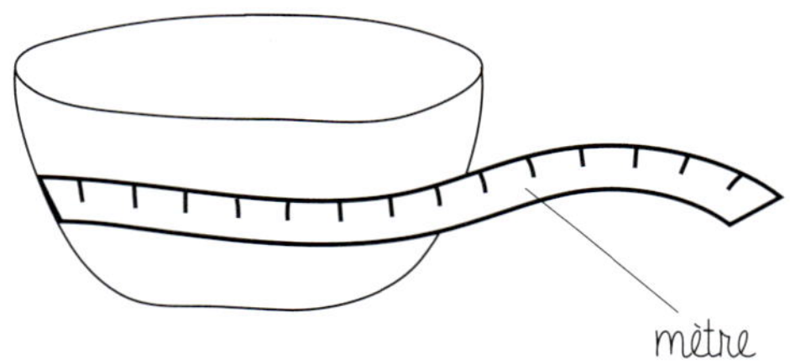

1 Mesurez le diamètre de votre saladier et ajoutez 10 cm. Divisez cette mesure en deux pour obtenir le rayon et, avec le compas, tracez le cercle sur l'envers du tissu plié en double épaisseur. Si la largeur du compas n'est pas suffisante pour tracer le cercle, aidez-vous du saladier lui-même ! Coupez le tissu (les marges sont incluses).

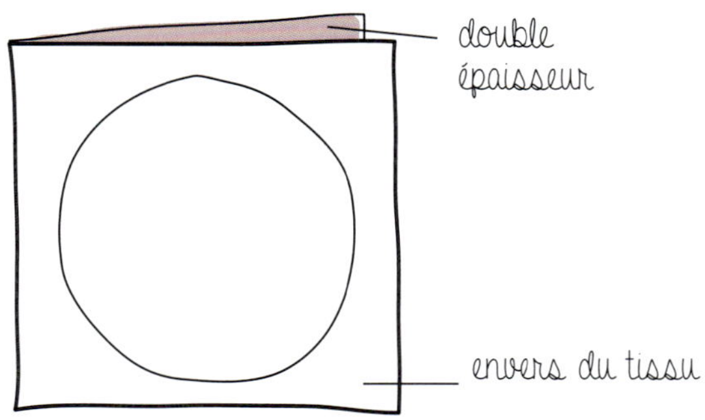

2 Placez les deux cercles de tissu endroit contre endroit, épinglez et piquez tout autour à 0,8 cm (largeur d'un demi-pied de biche) en laissant une ouverture de 5 cm. Crantez les marges de couture tous les 2 cm environ. Retournez et repassez bien à plat.

3 Placez quelques épingles pour maintenir les deux épaisseurs de tissu. Réalisez une surpiqûre à 1 cm du bord de la charlotte, sans créer d'ouverture, pour former la bordure où viendra se glisser l'élastique.

4 Calculez le périmètre de votre saladier (2 × 3,14 × rayon) et soustrayez 20 cm. Coupez cette longueur d'élastique. À l'aide de l'épingle à nourrice, glissez l'élastique dans l'ouverture de la bordure et faites-le passer tout autour de la charlotte. Cousez les deux extrémités ensemble en les faisant se chevaucher de 1,5 cm et en réalisant quelques points bien serrés à la main ou à la machine.

5 En faisant glisser les fronces du tissu pour le mettre à plat, refermez l'ouverture de la bordure à petits points glissés invisibles, réalisés à la main.

6 Répétez autant de fois que vous avez de saladiers à recouvrir.

À SAVOIR

En raison du contact avec les aliments, je vous déconseille les tissus synthétiques et le vernis textile pour la partie intérieure de ces couvercles. Veillez également à laver vos charlottes avant de les utiliser.

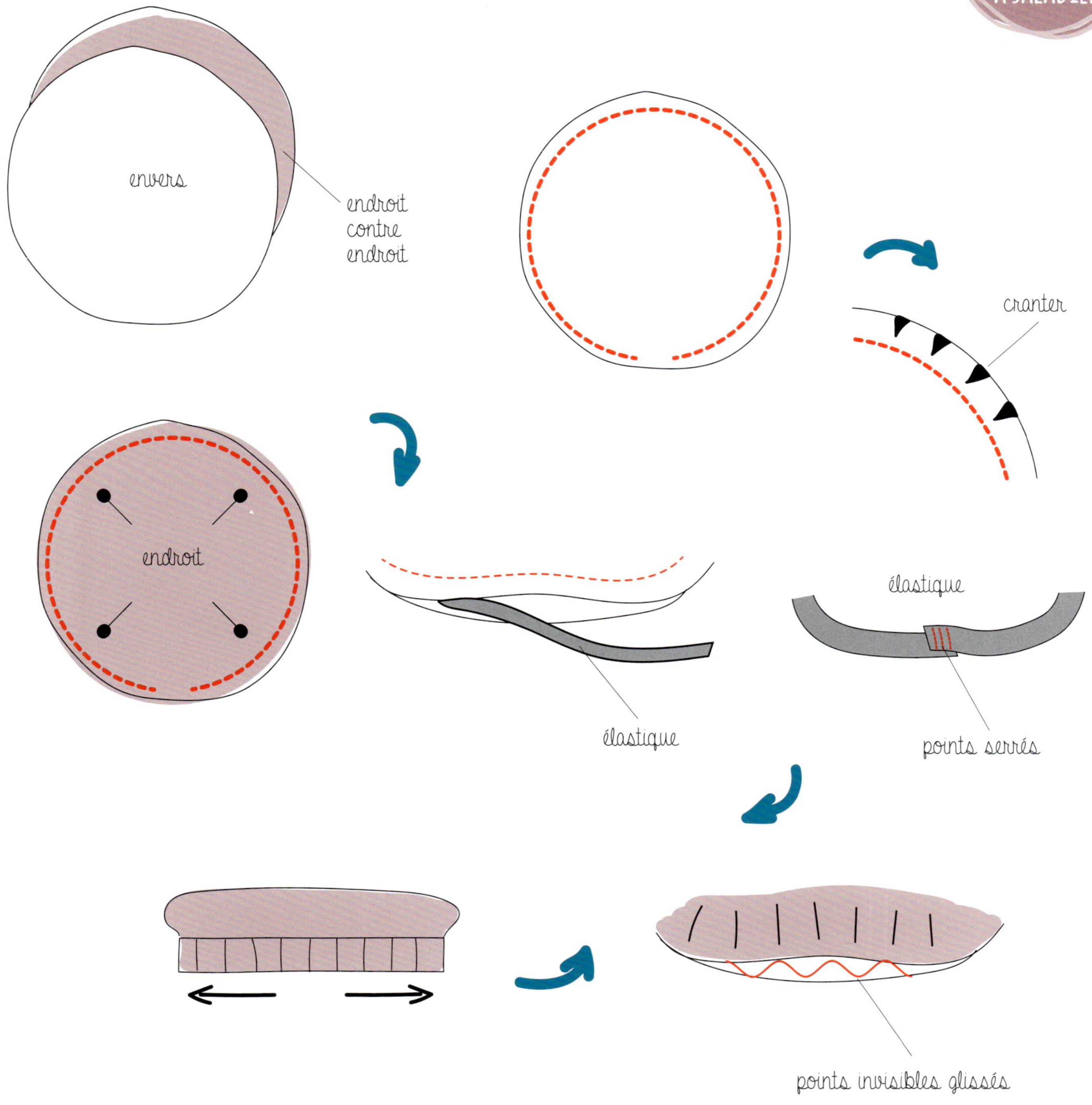
envers
endroit
contre
endroit
cranter
endroit
élastique
élastique
points serrés
points invisibles glissés

FACILE
*

LE SAC À TARTE

Dimensions : 40 × 40 cm • **Réalisation :** 2 h 00

Apporter une tarte faite maison dans un sac adapté qu'on a cousu soi-même, c'est l'assurance d'une démarche durable et d'un double succès !

Matériel

- Tissu non extensible épais (coton ou lin, de préférence) : 0,70 × 1,10 m de laize minimum
- Règle
- Équerre
- Craie ou stylo effaçable
- Ciseaux
- Machine à coudre
- Fer à repasser
- Fil à coudre assorti

RÉALISATION

1 Coupez dans le tissu 1 × (43 × 82 cm), 2 × (15 × 43 cm) et 2 × (8 × 32 cm), les marges de couture étant incluses. Avec les deux derniers morceaux, préparez les anses. Repliez sur eux-mêmes les deux morceaux de tissu, dans le sens de la longueur, endroit contre endroit. Épinglez et piquez à 1 cm du bord. Retournez les deux tubes de tissu sur l'endroit en vous aidant d'une épingle à nourrice (fixez-la à une extrémité et faites-la passer à l'intérieur du tube de tissu en guidant la base du tissu pour qu'il se retourne). Repassez les anses bien à plat en plaçant la couture au centre d'une face de chaque anse.

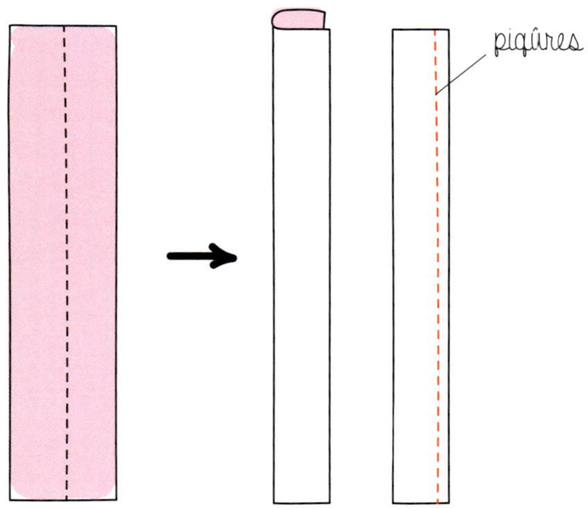

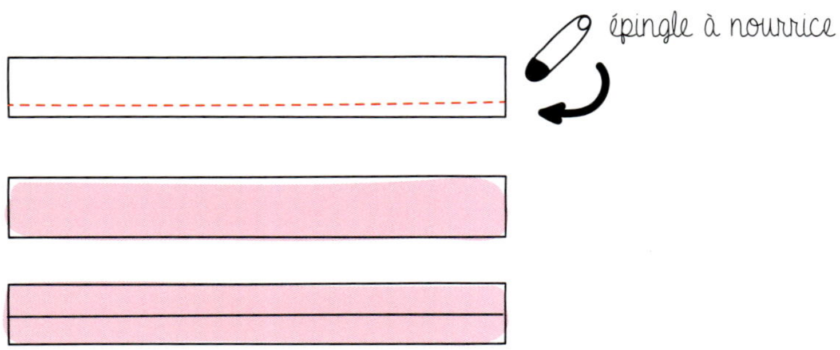

2 Épinglez les anses sur l'endroit du tissu principal, à 13 cm de part et d'autre des côtés. La face cousue des anses doit se trouver vers vous. Recouvrez avec les parementures, de chaque côté, endroit contre endroit. Épinglez et piquez à 1 cm. Surfilez le bord opposé des parementures (inutile de surfiler les côtés, car ils seront protégés dans les coutures anglaises que vous réaliserez à l'étape suivante). Repassez à plat sur l'endroit du tissu, repliez les parementures sur l'envers du sac et effectuez une surpiqûre tout le long du bord supérieur à 3 mm.

3 Formez le sac en repliant chaque côté jusqu'au milieu du fond, soit 20 cm de part et d'autre. Réalisez des coutures anglaises : envers contre envers, épinglez puis piquez les côtés à 0,5 cm. Retournez le sac, repassez en poussant bien les coins vers l'extérieur et piquez à nouveau à 1 cm, endroit contre endroit. Retournez le sac sur l'endroit, repassez en poussant bien les coins vers l'extérieur.

Facultatif

Pour protéger vos tartes lors du transport, vous pouvez réaliser un couvercle en tissu, que vous placerez au-dessus de votre plat (métrage supplémentaire de 35 × 70 cm). Il vous évitera d'utiliser du papier aluminium ou du film étirable. Pour cela, coupez dans le tissu 2 × (35 × 35 cm). Épinglez ces deux carrés endroit contre endroit et piquez tout autour à 0,8 cm (largeur d'un demi-pied de biche) en laissant une ouverture de 7 cm. Dégarnissez les angles, retournez sur l'endroit et refermez l'ouverture en réalisant à la main quelques points glissés invisibles. Repassez bien à plat.

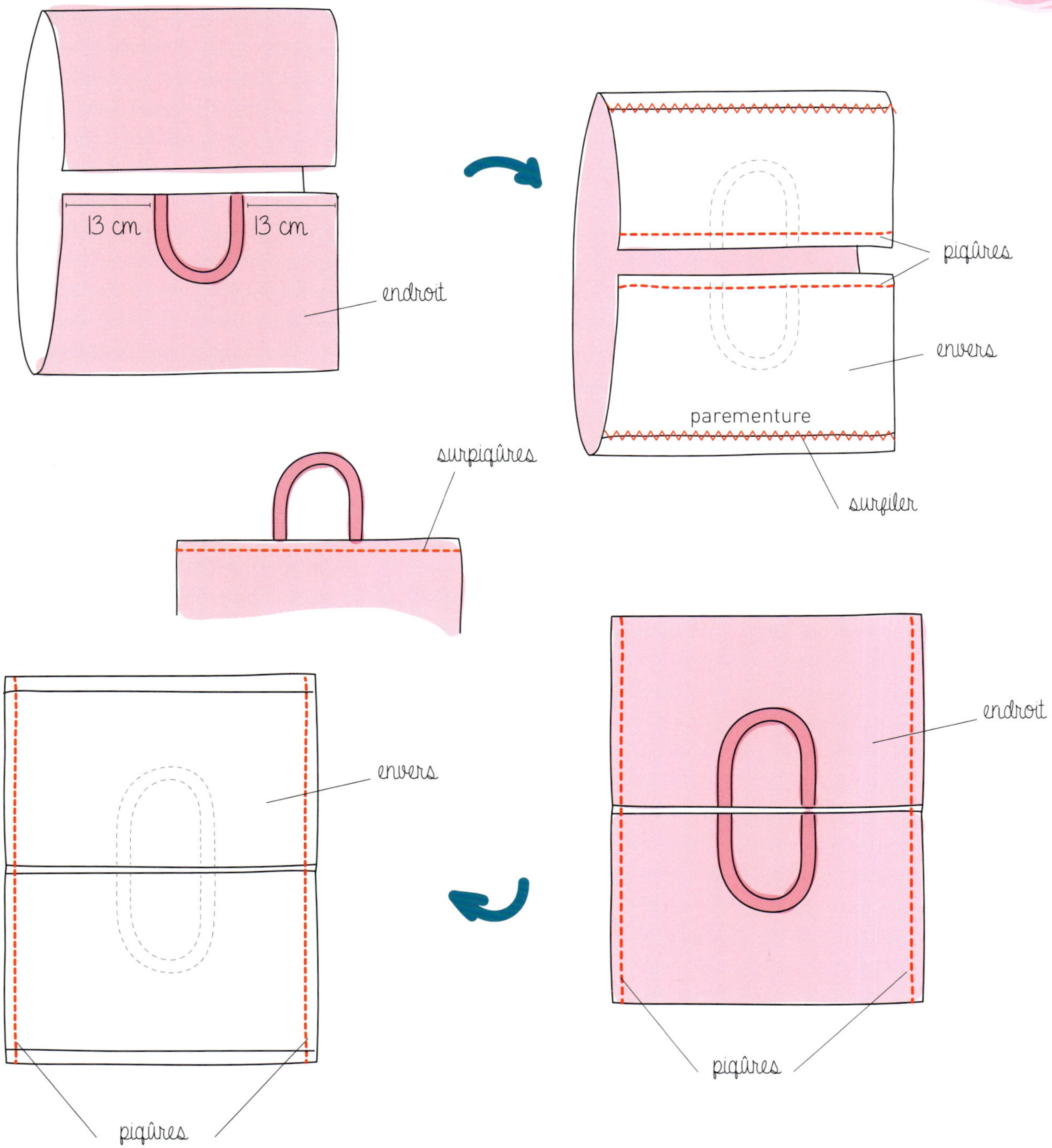
13 cm
13 cm
endroit
piqûres
envers
parementure
surfiler
surpiqûres
envers
piqûres
endroit
piqûres

TI
SANE

MOYEN
**

LA POCHETTE
ET LES SACHETS DE THÉ

Dimensions : 10 × 20 cm • **Réalisation :** 2 h 00

Fabriquez tout le matériel pour faire voyager votre thé préféré ou votre infusion artisanale !

✂ Matériel

- Tissu non extensible (coton ou lin, de préférence) : 0,30 × 1,10 m de laize minimum
- Ouatine fine : 22 × 22 cm
- Entoilage thermocollant moyen : 2 × 14 cm
- Passepoil : 1,00 m
- Pression en résine : 1
- Toile à beurre : 20 × 60 cm
- Épingle à nourrice (petite)
- Fil de coton épais : 30 cm (+ autres morceaux de 30 cm pour les sachets jetables)
- Règle
- Équerre
- Craie ou stylo effaçable
- Ciseaux
- Machine à coudre
- Fer à repasser
- Fil à coudre assorti
- Petit verre de 4 cm de diamètre environ

RÉALISATION

1 Coupez dans le tissu principal 2 × (22 × 22 cm) pour l'extérieur et l'intérieur de la trousse, 2 × (16 × 22 cm) pour les compartiments et 1 × (4 × 14 cm) pour la bride (les marges de couture sont incluses). À l'aide du fer à repasser, pliez les intercalaires en deux pour obtenir 2 × (8 × 22 cm). Épinglez-les sur les côtés du tissu intérieur, endroit contre endroit, en positionnant les pliures vers l'intérieur. Surpiquez les intercalaires à la verticale, pour les séparer en deux parties de 8 × 8 cm. À l'aide du petit verre, arrondissez les angles des deux faces de la trousse et ceux du morceau de ouatine.

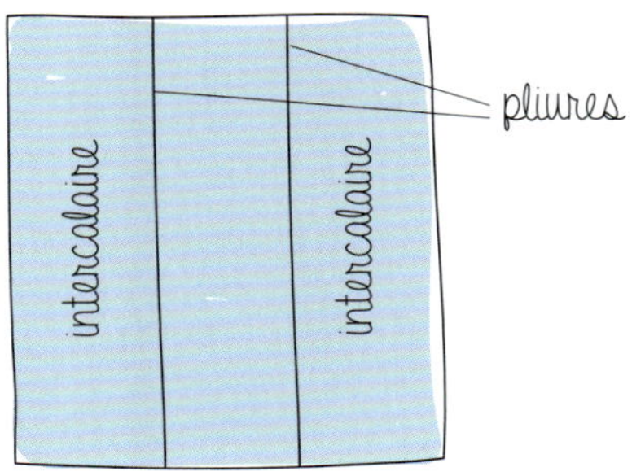

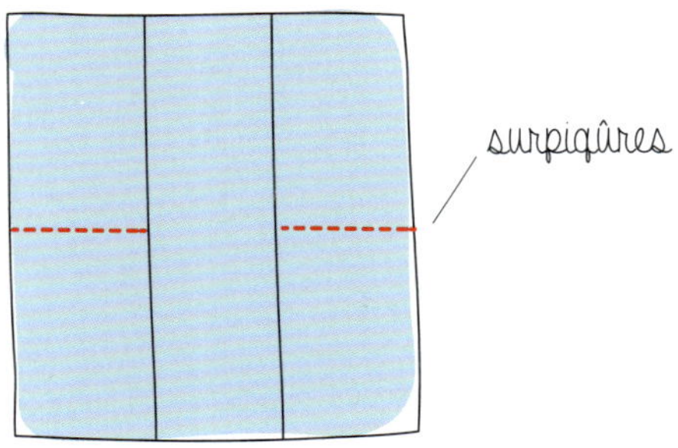

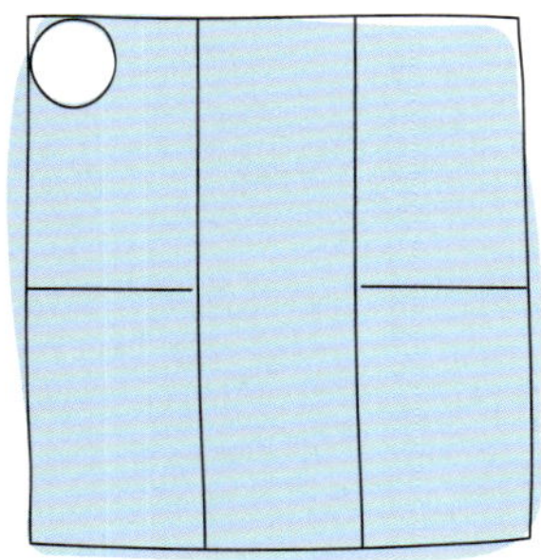

2 Épinglez le passepoil sur l'endroit du tissu extérieur, tout autour. Pour fermer le passepoil, coupez-le 2 cm plus loin que la première extrémité. Décousez 2 cm du passepoil et coupez 2 cm du cordonnet. Repliez 1 cm sur lui-même, vers l'envers du passepoil et faites-le chevaucher avec la première extrémité. Épinglez bien serré. Piquez tout autour du passepoil, en recouvrant la couture qui maintient le cordonnet.

3 Épinglez ensemble la face intérieure de la trousse (avec les intercalaires) et la ouatine. Surfilez tout autour.

4 Réalisez la bride. Thermocollez l'entoilage bien centré sur l'envers du morceau de tissu destiné à la bride. Repliez 1 cm de part et d'autre, puis pliez la bride en deux, toujours envers contre envers. Surpiquez tout autour à 3 mm. Fixez la moitié de la pression sur la bride, côté cousu, à 1,5 cm du bord, en la centrant. Épinglez la bride bien centrée sur les intercalaires, en plaçant la pression vers l'intérieur de la trousse.

5 Placez les deux faces de la trousse l'une contre l'autre, endroit contre endroit. Épinglez et piquez du côté du tissu extérieur, en recouvrant la couture qui maintient le passepoil et en laissant une ouverture de 7 cm sur un des côtés. Retournez la trousse, repassez bien à plat. Fixez l'autre partie de la pression en face de la première, bien centrée en hauteur (en doublant le tissu à l'intérieur avec un petit carré d'entoilage ou une petite chute de tissu épais). Refermez la couture en réalisant à la main de petits points glissés invisibles.

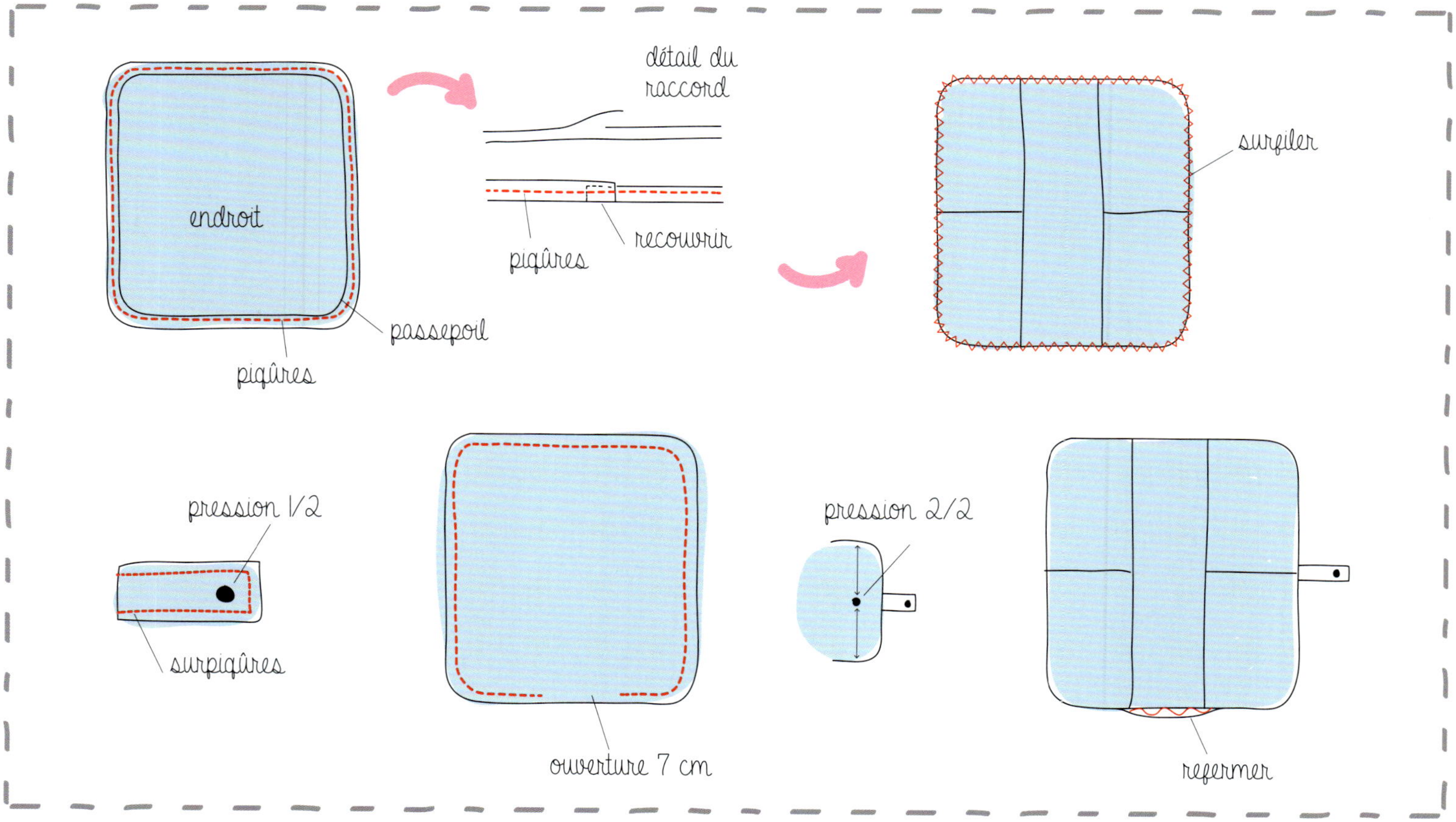

6 Poursuivez avec le sachet de thé réutilisable. Coupez dans la toile à beurre 1 × (10 × 16 cm), les marges de couture étant incluses. Mettez-le face à vous dans le sens de la largeur, comme une feuille au format paysage. À l'aide du fer à repasser, marquez un pli à 0,5 cm sur les côtés et sur le bas. Sur le bord haut, faites un double pli à 0,5 cm, puis à 1 cm pour former la coulisse. Surpiquez le bord haut à 0,8 cm (demi-pied de biche). Pliez le rectangle en deux et surpiquez le côté et le bas à 3 mm en vous arrêtant en haut juste en dessous de la couture précédente pour ne pas fermer la coulisse. À l'aide de l'épingle à nourrice, faites passer le fil de coton dans la coulisse. Il suffira de le nouer en rosette pour fermer le sachet, que vous pourrez réutiliser à volonté. Pour le nettoyer, vous pouvez simplement le rincer et le passer de temps en temps à l'eau savonneuse.

7 Vous pouvez aussi réaliser des sachets de thé jetables à glisser dans votre trousse ou à offrir. Coupez dans la toile à beurre des rectangles de 9 × 15 cm et présentez-les cette fois dans le sens de la hauteur, comme une feuille au format portrait. Pliez le rectangle en deux, épinglez et piquez à 0,5 cm. Retournez le tube de tissu et repassez à plat en plaçant la couture au centre. Versez une petite cuillère de thé dans le tube et repliez-le en deux. Pliez les coins vers le centre en prenant toutes les épaisseurs ensemble et repliez la pointe centrale. Avec le fil de coton épais, faites deux petits points en croix à la main pour fermer le sachet, sans couper le fil qui servira lors de l'utilisation.

SACHET RÉUTILISABLE

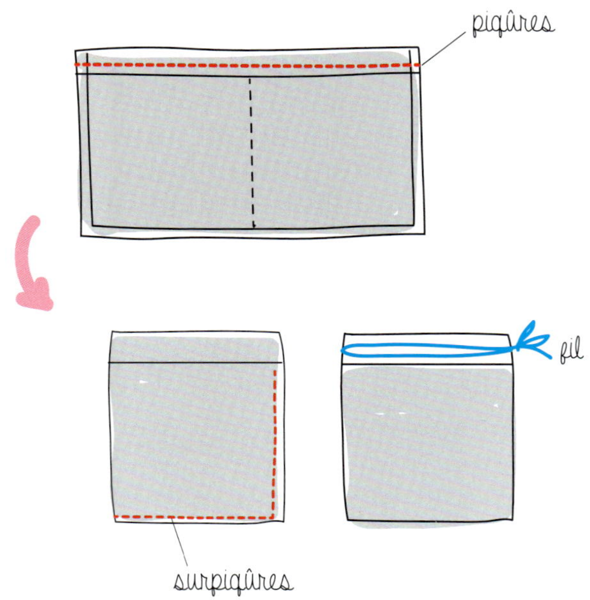

SACHET JETABLE

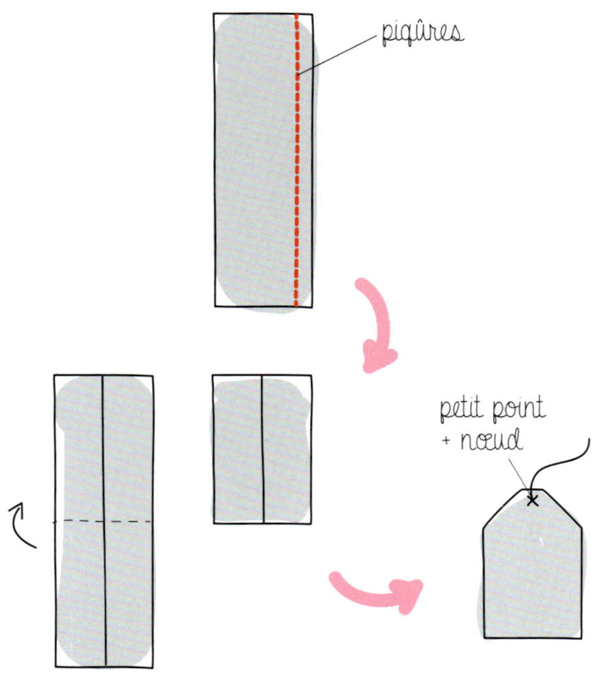

MOYEN
**

LA POCHETTE À GOÛTER

Dimensions : 14 × 15 cm • **Réalisation :** 1 h 00

Réduire sa consommation, c'est valable aussi pour les plus petits. Voici une pochette réutilisable qui leur permettra d'emporter un goûter, éventuellement fait maison lui aussi.

Matériel

- Tissu non extensible épais (coton ou lin, de préférence) : 20 × 41 cm
- Fermeture à glissière de 20 cm
- Règle
- Équerre
- Craie ou stylo effaçable
- Ciseaux
- Machine à coudre
- Fer à repasser
- Fil à coudre assorti
- Pied de biche spécial pour fermetures à glissière

RÉALISATION

1 Si nécessaire, recoupez le tissu aux bonnes dimensions (20 × 41 cm, marges de couture incluses). Surfilez tous les côtés du tissu.

2 Repliez le tissu de part et d'autre, sur l'endroit, pour former la future pochette. Si le tissu choisi est à motifs, vérifiez qu'il se trouve dans le sens souhaité. Placez la fermeture à glissière, endroit contre endroit, sur le bord inférieur du tissu. Épinglez et piquez à environ 1 cm du bord avec le pied de biche spécial pour fermetures à glissière. Déroulez le tissu pour piquer de la même façon l'autre partie de la fermeture à glissière et le bord supérieur du tissu.

3 Retournez la pochette sur l'endroit et surpiquez à 3 mm du bord du tissu, de part et d'autre de la fermeture à glissière. Si vous avez des difficultés à maintenir l'ensemble bien à plat, ouvrez celle-ci.

4 Retournez la pochette sur l'envers, épinglez les côtés en aplatissant la pochette. La fermeture à glissière doit être décentrée : en partant du milieu du zip, vous devez mesurer 6 cm jusqu'en haut de la pochette et 14 cm jusqu'en bas. Piquez les côtés à 1 cm. Veillez à ouvrir la fermeture à glissière de quelques centimètres avant de piquer le second côté pour pouvoir retourner la pochette.

5 Toujours sur l'envers, repassez bien à plat et marquez les plis en haut et en bas de la pochette. Aplatissez chaque coin en positionnant les plis que vous venez de former bien en face des coutures latérales. Épinglez et, à l'aide du stylo effaçable, marquez un repère perpendiculaire pour obtenir 2 cm de part et d'autre, soit une épaisseur totale de 4 cm. Piquez les quatre coins. Il n'est pas nécessaire de recouper le surplus de tissu, qui se placera à l'intérieur de la pochette, sans gêner.

6 Retournez la pochette sur l'endroit, et si vous le souhaitez, marquez les arêtes de la pochette au fer à repasser pour lui donner une forme un peu cubique.

Facultatif

Si vous souhaitez donner un peu de rigidité à votre pochette, vous pouvez doubler le tissu avec de l'entoilage thermocollant avant de le coudre.

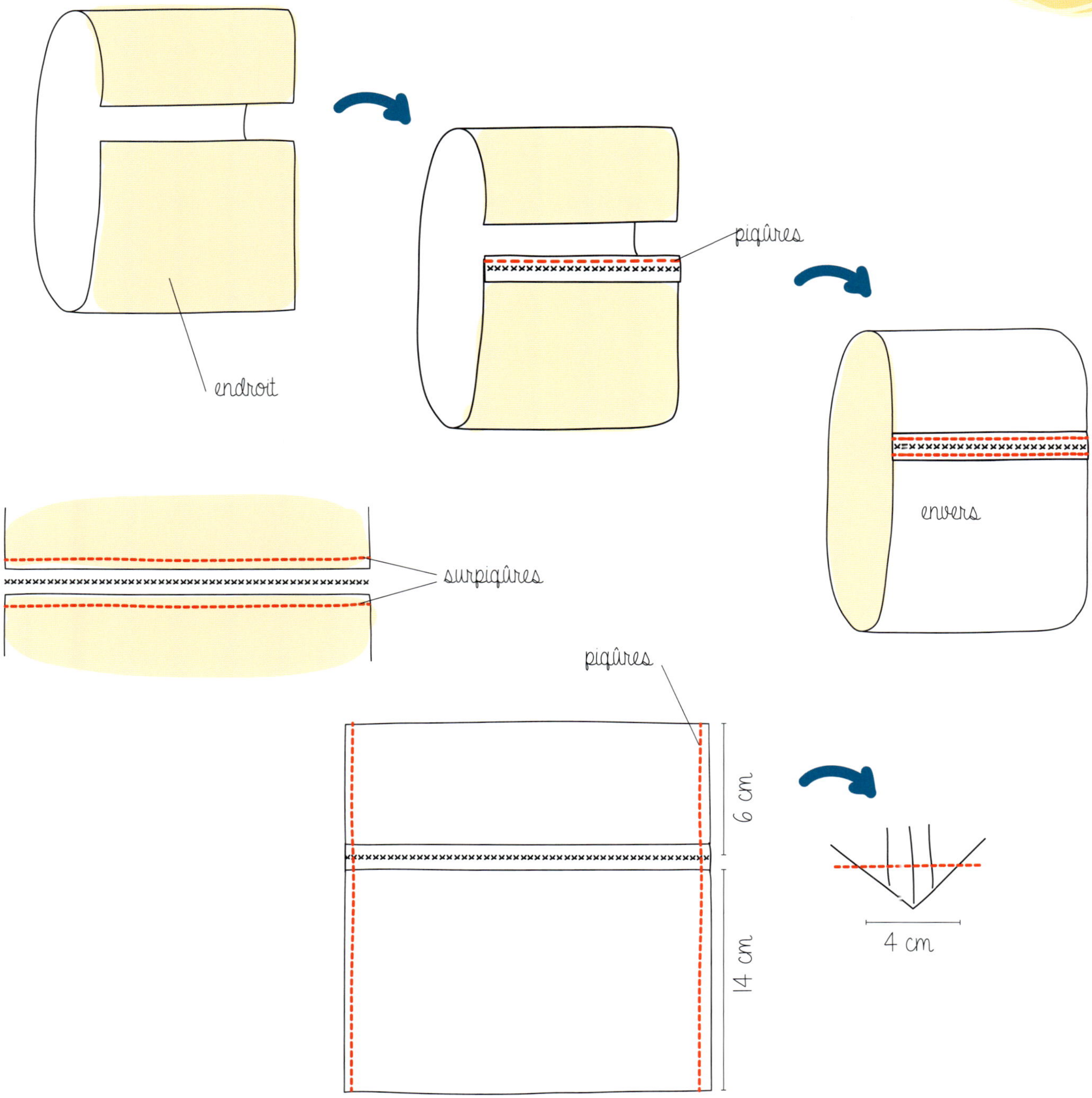
endroit
piqûres
envers
surpiqûres
piqûres
6 cm
14 cm
4 cm

FACILE
*

LE SAC À PAIN

Dimensions : 25 × 30 cm • **Réalisation :** 1 h 00

C'en est fini des sacs à pain en plastique. Retour au tissu qui, comme les torchons de nos grands-mères, permet de conserver du pain frais et moelleux !

Matériel

- Tissu fin non extensible (coton ou lin, de préférence) : 0,60 × 1,10 m de laize minimum
- Ruban (0,5 cm de largeur) : 80 cm
- Serre-cordon
- Règle
- Équerre
- Craie ou stylo effaçable
- Ciseaux
- Machine à coudre
- Fer à repasser
- Fil à coudre assorti
- Épingle à nourrice ou aiguille à laine

RÉALISATION

1 Coupez dans le tissu 2 × (27 × 65 cm), les marges de couture étant incluses. Le premier rectangle se trouvera à l'extérieur du sac et le second servira de doublure.
À l'aide du fer à repasser, marquez deux plis vers l'envers sur les largeurs des deux rectangles, à 1 cm, puis 1,5 cm du premier pli. Dépliez.

2 Pliez le tissu extérieur en deux, endroit contre endroit, et épinglez les côtés. Piquez à 1 cm, en vous arrêtant d'un côté juste en dessous des plis, mais non de l'autre côté. Répétez cette étape pour la doublure.

3 Repassez les deux parties en ouvrant les coutures. Retournez le sac extérieur sur l'endroit en poussant bien les coins et glissez la doublure à l'intérieur, en faisant coïncider les plis et le côté non cousu. Épinglez la partie haute non cousue du sac extérieur bord à bord avec celle de la doublure et surpiquez les deux épaisseurs ensemble, tout autour, à 0,5 cm.

4 Sur le haut du sac, repliez les deux tissus ensemble sur les plis préalablement marqués au fer. Épinglez et surpiquez tout autour à 1 cm. Repassez bien à plat.

5 Avec l'épingle à nourrice ou l'aiguille à laine, insérez le ruban dans la coulisse. Glissez chacune des extrémités du ruban dans le serre-cordon et nouez-les ensemble.

À SAVOIR

Les dimensions de ce sac sont prévues pour un pain moyen de forme allongée ou pour une baguette coupée en deux. Vous pouvez les adapter à la taille du pain que vous consommez le plus souvent, en suivant le même principe de montage.

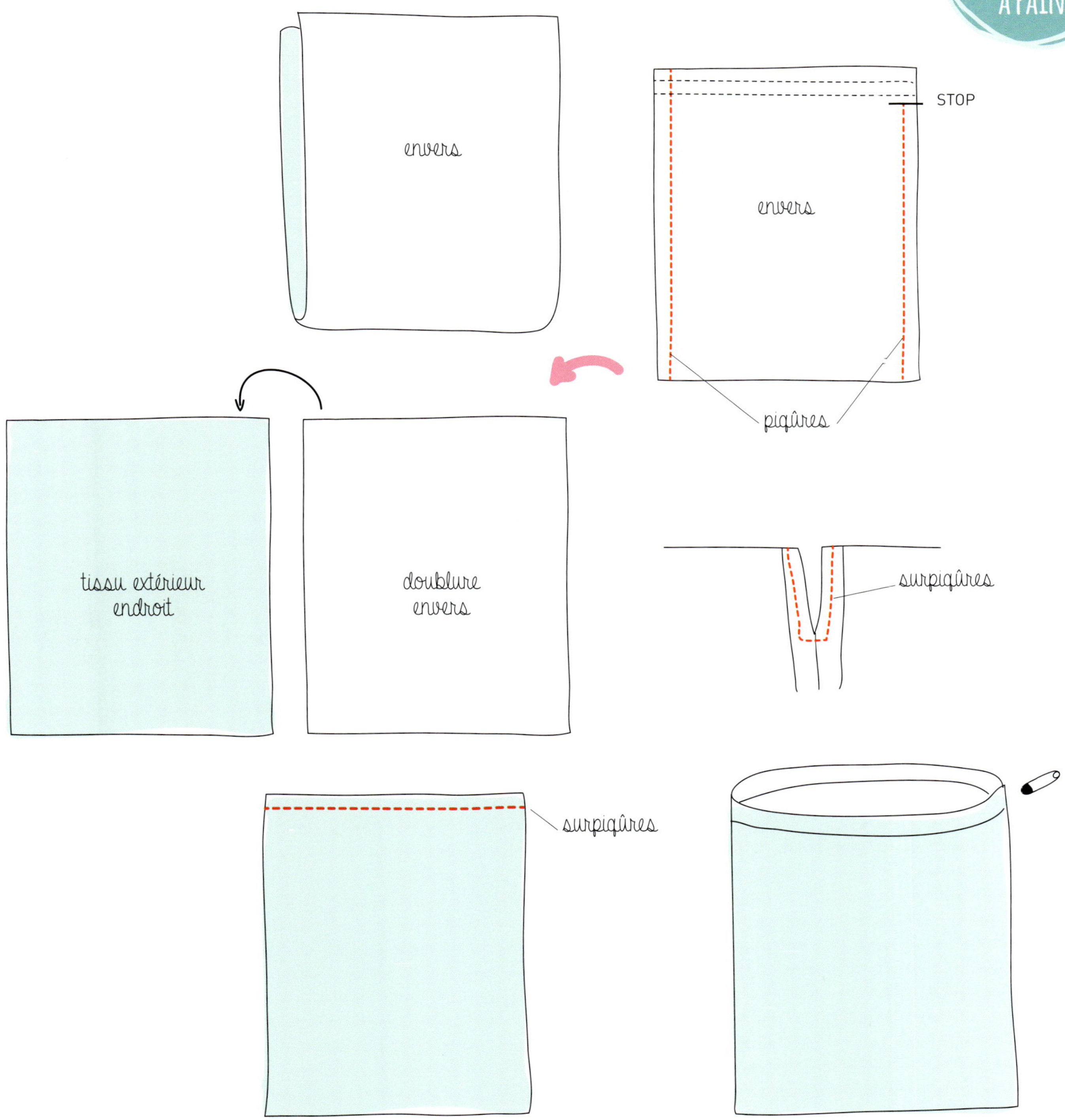
envers
STOP
envers
piqûres
tissu extérieur
endroit
doublure
envers
surpiqûres
surpiqûres

REMPLACER LE JETABLE

FACILE
*

LE TOTE BAG

Dimensions : 40 × 40 cm (sans les anses) • **Réalisation :** 1 h 30

Le tote bag en tissu remplace des dizaines de sacs en plastique. Plus il est utilisé, plus il est écologique !

Matériel

- Tissu non extensible (coton ou lin, de préférence) : 0,60 × 1,10 m de laize minimum (ou si votre tissu comporte un motif, 1,00 × 1,10 m de laize minimum)
- Règle
- Équerre
- Craie ou stylo effaçable
- Ciseaux
- Machine à coudre
- Fer à repasser
- Fil à coudre assorti
- Épingle à nourrice

RÉALISATION

1 Coupez dans le tissu 1 × (40 × 86 cm) et 2 × (8 × 74 cm). Les marges de couture sont incluses.

2 À l'aide du fer à repasser, faites sur chaque largeur du grand morceau de tissu, vers l'envers, un premier pli à 1 cm, puis un second à 3 cm du premier pli. Placez bord à bord les deux côtés pliés pour marquer le fond du sac, toujours au fer à repasser.

3 Rouvrez les plis. Placez le tissu envers contre envers pour commencer à réaliser les coutures anglaises. Épinglez les côtés du sac et piquez toute la hauteur à 0,5 cm du bord.

4 Repassez pour aplatir les coutures et retournez le sac, endroit contre endroit. Piquez les côtés du sac à 1 cm.

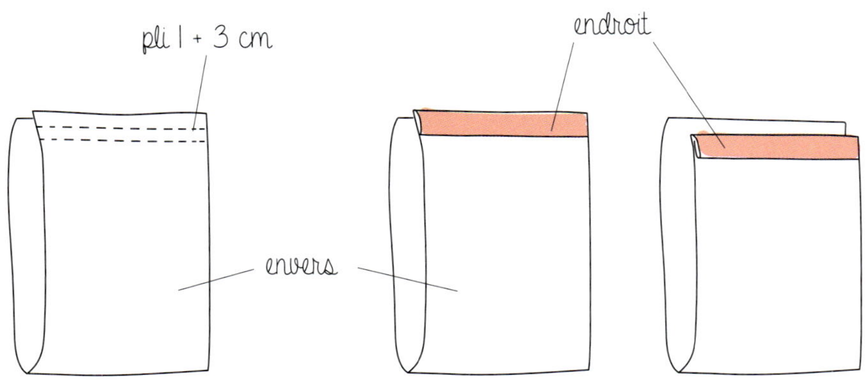

5 Préparez les anses. Repliez sur eux-mêmes les deux morceaux de tissu, dans le sens de la longueur, endroit contre endroit. Épinglez et piquez à 1 cm du bord. Retournez les deux tubes de tissu sur l'endroit en vous aidant d'une épingle à nourrice (fixez-la à une extrémité et faites-la passer à l'intérieur du tube de tissu en guidant la base du tissu pour qu'il se retourne). Repassez les anses bien à plat en plaçant la couture au centre d'une face de chaque anse. Repliez 1,5 cm aux deux extrémités de chaque anse, vers la face non cousue.

6 Laissez le sac sur l'envers. Repliez le haut du sac sur lui-même en reprenant les premiers plis formés au fer à repasser. Épinglez la bordure ainsi formée.

7 Placez les anses (faces cousues du même côté que l'envers du sac) en glissant leurs extrémités sous la bordure du sac préalablement épinglée, à 10 cm de chaque côté. Épinglez chaque anse.

8 Piquez la bordure du sac et les anses en même temps en réalisant deux coutures parallèles à 0,3 cm, puis à 2,5 cm du bord. Augmentez la longueur du point de votre machine pour obtenir des points harmonieux lorsque vous piquerez toutes les épaisseurs ensemble. Maintenez bien les anses perpendiculaires à la bordure du sac lorsque vous les piquerez.

Facultatif

Pour consolider votre sac, vous pouvez ajouter des piqûres en croix à la base des anses et doubler vos coutures horizontales.

Version enfant

Métrage supplémentaire : 0,30 × 1,10 m de laize minimum

Suivez les mêmes étapes avec les mesures de tissu suivantes : 1 × (27 × 64 cm) et 2 × (8 × 30 cm). Les anses sont volontairement plus courtes, car les petits enfants préféreront tenir leur tote bag à la main plutôt que de le porter à l'épaule. Placez-les à 6 cm des côtés.

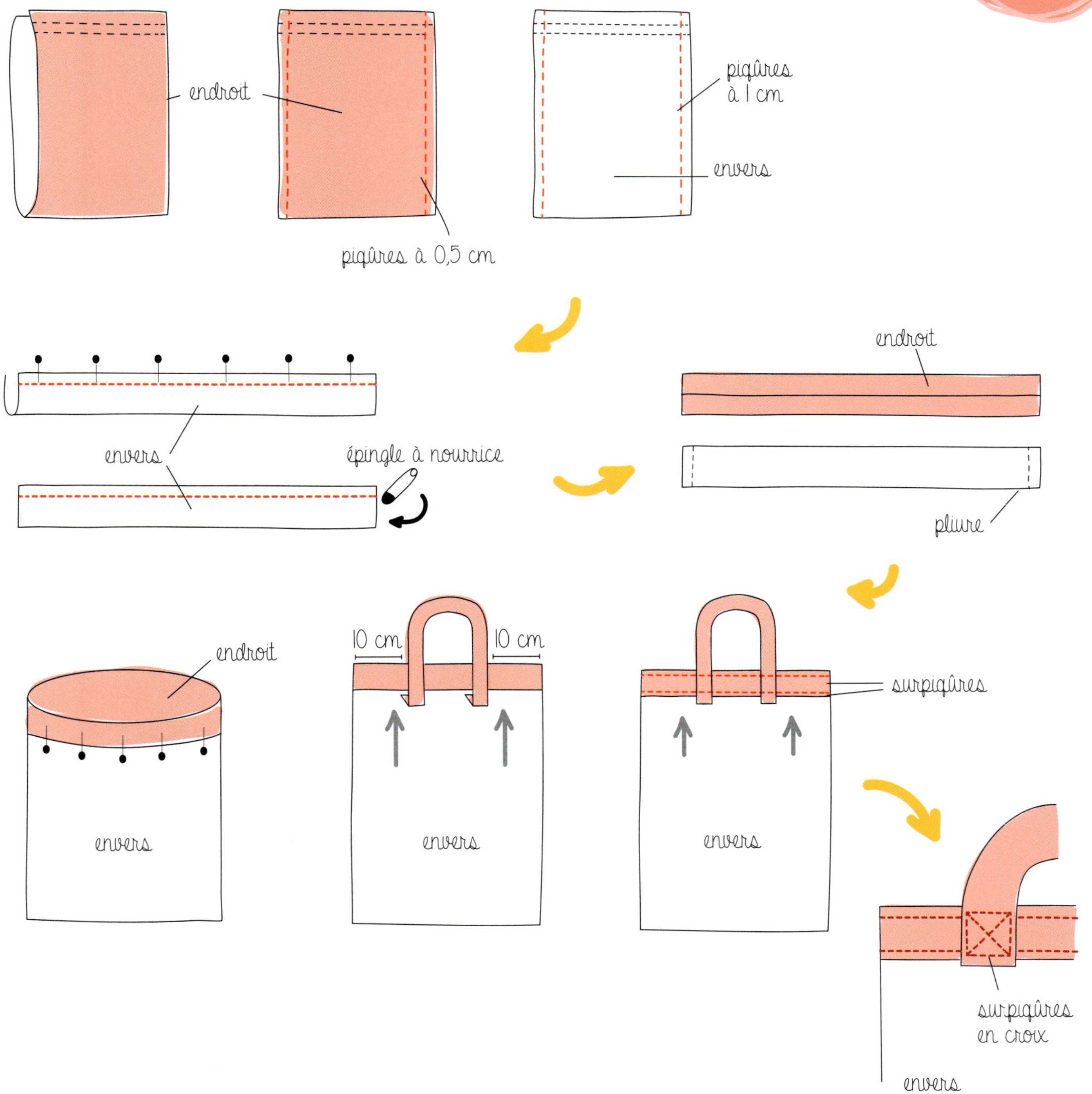
endroit
piqûres à 1 cm
envers
piqûres à 0,5 cm
envers
épingle à nourrice
endroit
pliure
endroit
envers
10 cm
10 cm
envers
surpiqûres
envers
surpiqûres en croix
envers

GRAMMES
LETTRES & PAQUETS CLOS
ECHANTILLONS
JOURNAUX
LETTRES

MOYEN
**

LE SAC À VRAC

Dimensions : 25 × 30 cm • **Réalisation :** 1 h 30

Ce sac à vrac est à décliner en plusieurs versions pour accueillir toutes vos courses d'épicerie, ainsi que vos fruits et légumes !

Matériel

- Tissu non extensible fin (coton ou lin, de préférence) : 0,20 × 1,10 m de laize minimum
- Tissu « filet » ou moustiquaire : 20 × 27 cm
- Ruban (0,5 cm de largeur) ou cordelette : 1,60 m
- Épingle à nourrice ou aiguille à laine
- Règle
- Équerre
- Craie ou stylo effaçable
- Ciseaux
- Machine à coudre
- Fer à repasser
- Fil à coudre assorti

Réalisation

1 Coupez dans le tissu principal 1 × (20 × 27 cm) pour le fond du sac et 2 × (10 × 27 cm) pour les bords hauts du sac (les marges de couture sont incluses). Coupez dans le tissu « filet » 2 × (15 × 27 cm).

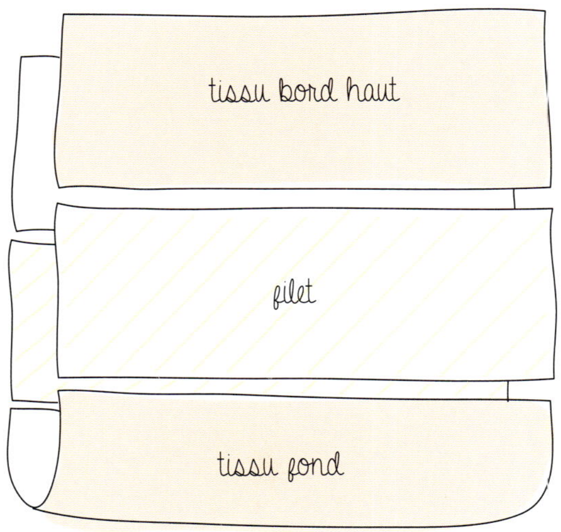

2 Assemblez le sac en positionnant bord à bord, endroit contre endroit, un bord haut et un morceau de filet, puis l'autre côté du filet avec le fond, puis à nouveau un morceau de filet et l'autre bord haut. À chaque étape, épinglez et piquez à 1 cm. Surfilez toutes les coutures ainsi que le pourtour du sac en rabattant les marges de couture vers le tissu principal. De part et d'autre du filet, réalisez des surpiqûres pour maintenir les coutures à plat, sur le tissu principal à 3 mm de la couture.

3 À l'aide du fer à repasser, marquez un double pli sur les deux bords hauts, à 1 cm puis à 1,5 cm vers l'envers du tissu. Pliez le sac en deux, endroit contre endroit, épinglez et piquez les côtés à 1 cm du bord en arrêtant les coutures juste en dessous du double pli.

4 Ouvrez les coutures au fer à repasser et, au niveau des bords hauts du sac, réalisez une surpiqûre de façon à maintenir la marge de couture (là où le tissu n'a pas été piqué).

5 Repliez les bords hauts, épinglez et surpiquez tout autour du sac à 1 cm du bord.

6 Retournez le sac et repassez-le bien à plat. Coupez le ruban ou la cordelette en 2 × 80 cm. À l'aide de l'épingle à nourrice ou de l'aiguille à laine, faites passer le ruban ou la cordelette dans la coulisse, dans un sens pour le premier morceau, puis dans le sens inverse pour le second, afin qu'ils se croisent. Nouez ensemble les extrémités de chaque morceau.

Alternative

Si vous souhaitez réaliser un sac sans filet, vous pouvez procéder de la même façon avec un seul morceau de tissu de 27 × 66 cm, à plier en deux. Ou encore, adaptez vos mesures selon la taille souhaitée !

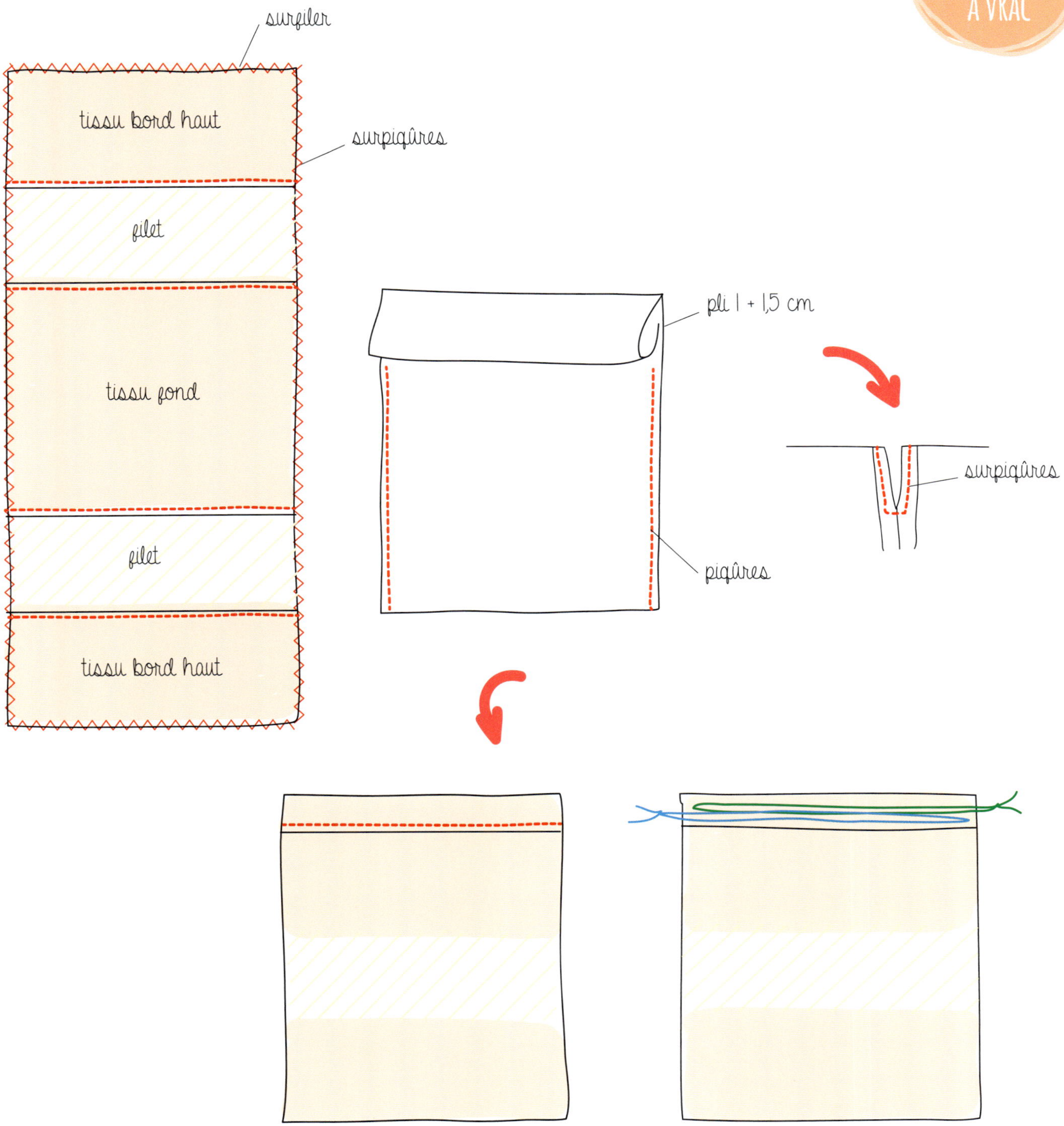
surfiler
tissu bord haut
surpiqûres
filet
tissu fond
filet
tissu bord haut
pli 1 + 1,5 cm
surpiqûres
piqûres

l’inédite

LE TRIO DE MOUCHOIRS
ET LE PETIT SAC DE TRANSPORT

Dimensions : 25 × 25 cm / 15 × 17 cm • **Réalisation** : 2 h 00

Diminuez votre consommation de mouchoirs en papier grâce à ces alternatives en tissu, comme au temps de nos grands-mères !

✂ Matériel

- Tissu non extensible fin (coton ou lin, de préférence) : 0,30 × 1,10 m de laize minimum
- Ruban (0,5 cm de largeur) : 0,80 cm
- Règle
- Équerre
- Craie ou stylo effaçable
- Ciseaux
- Épingle à nourrice
- Machine à coudre
- Fer à repasser
- Fil à coudre assorti

RÉALISATION

1 Commencez par les mouchoirs. Coupez dans le tissu 3 × (29 × 29 cm), les marges de couture étant incluses. À l'aide du fer à repasser, marquez un double pli sur chaque côté, à 1 cm et encore 1 cm. Dépliez et, en suivant ces repères, coupez 1 cm en diagonale à chaque coin.

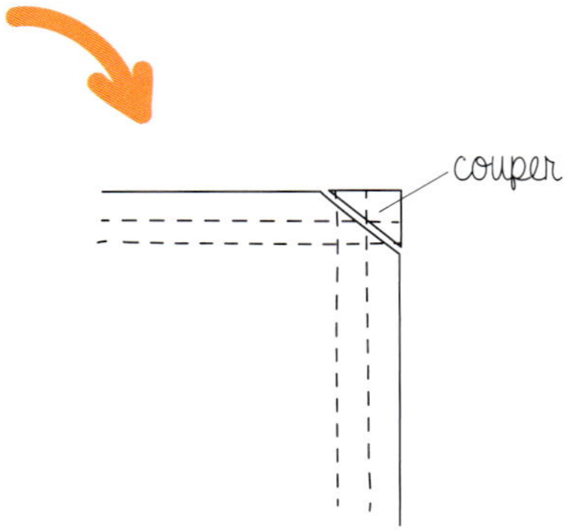

2 Repliez les bordures en marquant bien les coins : commencez par ces derniers, puis poursuivez avec les côtés. Épinglez et surpiquez tout autour des mouchoirs à 0,8 cm (demi-pied de biche). Repassez bien à plat.

3 Poursuivez avec le petit sac de transport. Coupez dans le tissu 2 × (16 × 22 cm). Surfilez tout autour de ces deux morceaux. Placez-les bord à bord, endroit contre endroit, et épinglez. Sur les côtés, à l'aide du stylo effaçable, marquez des repères à 5 cm en partant du haut et à 16 cm du bas. Ces marques indiquent le placement de la coulisse, qu'il ne faudra pas piquer. Piquez les côtés et le bas du sac, en vous arrêtant bien en face des repères.

4 Toujours sur l'envers du tissu, repliez 3,5 cm en haut du sac. Épinglez et surpiquez de part et d'autre de la coulisse, soit à 1,5 cm et à 2,5 cm du haut du sac.

5 Retournez le sac et repassez-le bien à plat. Coupez le ruban en 2 × 40 cm. À l'aide de l'épingle à nourrice, faites passer les deux morceaux de ruban dans la coulisse, le premier dans un sens, puis le second dans le sens inverse, de façon à les croiser. Nouez ensemble les extrémités de chaque morceau de ruban.

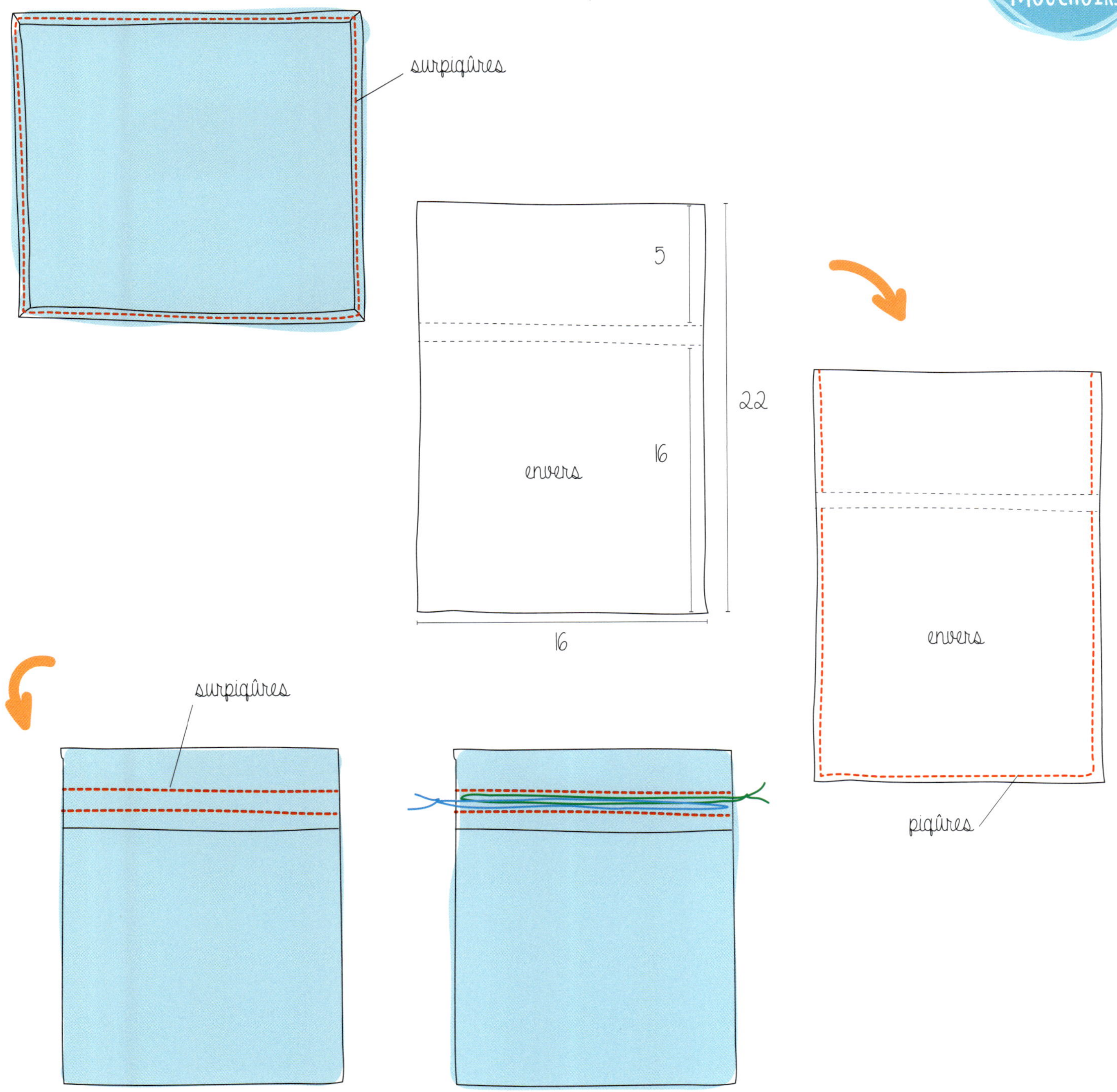
surpiqûres
5
16
22
envers
16
envers
piqûres
surpiqûres

FACILE
*

LES CARRÉS À DÉMAQUILLER

Dimensions : 10 × 10 cm • **Réalisation** : 1 h 00

Les carrés à démaquiller lavables remplacent des dizaines, voire des centaines de cotons jetables. On peut même les emporter en déplacement grâce à un petit pochon (voir p. 62) !

✂ Matériel

- Tissu uni ou à motifs (peu froissable) : 11 × 11 cm par carré
- Jersey de coton uni : 11 × 11 cm par carré
- Un morceau de carton de 11 × 11 cm
- Un petit verre d'environ 4 cm de diamètre
- Règle
- Équerre
- Craie ou stylo effaçable
- Ciseaux
- Machine à coudre
- Fil à coudre assorti
- Fer à repasser

RÉALISATION

1 À l'aide du petit verre, arrondissez les quatre angles du morceau de carton pour préparer votre gabarit. Placez les arêtes du verre contre les bords d'un angle et tracez l'arrondi, puis découpez.

2 Utilisez ce gabarit pour découper une face dans le tissu à motifs et une autre face dans le jersey de coton (les marges de couture sont incluses). Répétez cette étape autant de fois que de carrés à démaquiller souhaités.

3 Épinglez endroit contre endroit une face de tissu à motifs et une face de jersey.

4 À l'aide de la craie ou d'un stylo effaçable, tracez une ligne à 1 cm du bord tout autour du carré pour repérer l'emplacement de la piqûre, en laissant une ouverture de 6 cm sur un des côtés (elle vous servira à retourner le carré).

5 Piquez tout autour du carré en suivant la ligne préalablement tracée, sauf l'ouverture de 6 cm.

6 Crantez les quatre coins arrondis.

7 Retournez le carré sur l'endroit.

8 Repassez le carré en rentrant les bords de la partie non cousue.

9 Au choix, refermez l'ouverture en réalisant à la main de petits points glissés invisibles ou surpiquez à 5 mm du bord tout autour du carré (pour cette seconde option, il n'est pas nécessaire de fermer l'ouverture au préalable, car la surpiqûre s'en chargera).

À SAVOIR

À la place du jersey de coton, vous pouvez tout à fait utiliser de l'éponge si vous le souhaitez. Pour ma part, je trouve que le jersey de coton résiste mieux au lavage et conserve davantage sa douceur au fil du temps. S'il est un peu foncé, il gardera son aspect plus longtemps qu'une teinte claire qui pourra ternir.

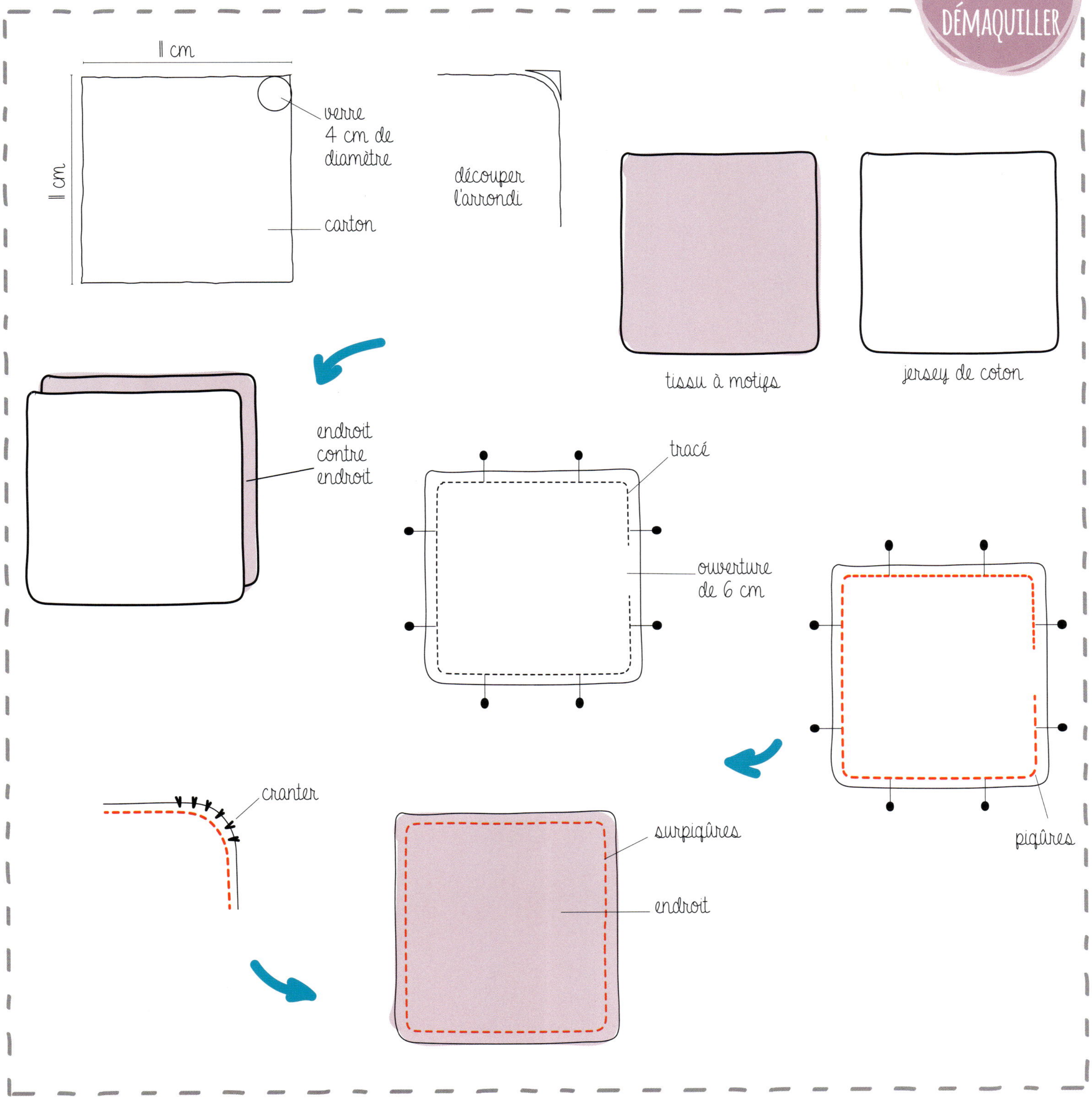
11 cm
11 cm
verre
4 cm de
diamètre
carton
découper
l'arrondi
tissu à motifs
jersey de coton
endroit
contre
endroit
tracé
ouverture
de 6 cm
piqûres
cranter
surpiqûres
endroit

Nettoyant
visage
solide

FACILE
*

LA POCHETTE À SAVON

Dimensions : 12 × 15 m • **Réalisation :** 1 h 30

On en finit avec les emballages superflus dans la salle de bain : savon, shampoing solide et autres soins viendront naturellement se glisser dans cette pochette doublée en éponge.

Matériel

- Tissu non extensible (coton ou lin, de préférence) : 17 × 37 cm
- Tissu éponge : 13 × 37 cm
- Élastique plat (0,5 cm de largeur) : 6 cm
- Bouton (1 cm à 1,5 cm de diamètre)
- Règle
- Équerre
- Craie ou stylo effaçable
- Ciseaux
- Machine à coudre
- Fer à repasser
- Fil à coudre assorti

Réalisation

1 Si ce n'est pas déjà fait, coupez dans le tissu extérieur 1 × (17 × 37 cm) et dans l'éponge 1 × (13 × 37 cm), les marges de couture étant incluses.

2 Placez une longueur de tissu contre une longueur d'éponge, endroit contre endroit, épinglez et piquez à 1 cm. Faites de même chose pour l'autre côté, sachant que l'éponge est volontairement moins large que le tissu extérieur. Repassez bien à plat, en centrant la partie en éponge (retournez le cylindre si nécessaire, puis replacez-le sur l'envers).

3 Formez une petite bride avec le morceau d'élastique et épinglez-la au milieu d'une largeur, entre l'éponge et le tissu extérieur, toujours placés endroit contre endroit. La partie pliée de la bride doit être dirigée vers l'intérieur, entre les tissus. Piquez la largeur à 1 cm du bord.

4 Sur l'autre largeur, épinglez et piquez uniquement 3 cm à partir de chaque coin, à 1 cm du bord, de façon à laisser une ouverture centrale.

5 Retournez la pochette par l'ouverture et poussez bien les coins. Fermez l'ouverture à la main, en réalisant des points glissés invisibles.

6 Cousez le bouton sur le tissu extérieur, à 10 cm du bord, du côté opposé à la bride, en le centrant bien dans le sens de la largeur.

7 Repliez 12 cm du bas de la pochette où se trouve le bouton et surpiquez les côtés à 0,5 cm.

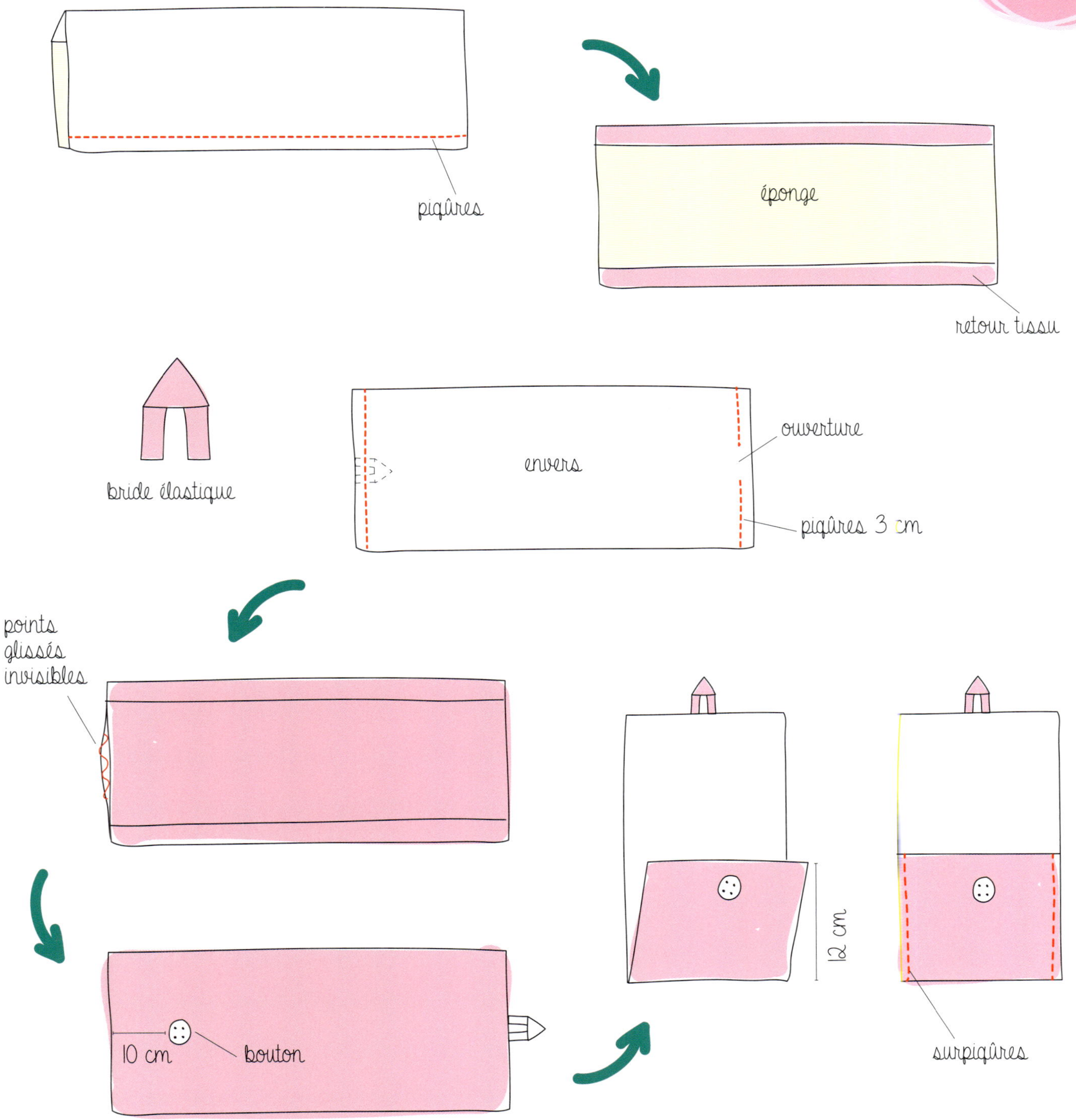
piqûres
éponge
retour tissu
bride élastique
envers
ouverture
piqûres 3 cm
points
glissés
invisibles
10 cm
bouton
12 cm
surpiqûres

DIFFICILE
***

HOUSSE À VÊTEMENTS
À SUSPENDRE DANS LA PENDERIE

Dimensions : 60 × 100 cm • **Réalisation** : 3 h 00

Éliminez le plastique jusque dans votre penderie en cousant cette housse à vêtements pliable, que vous pourrez aussi utiliser lors de vos déplacements.

✂ Matériel

- Tissu non extensible épais (coton ou lin, de préférence) : 1,10 × 1,30 m de laize minimum
- Biais en similicuir : 1,30 m
- Fermeture à glissière de 80 cm
- Ruban (1 cm de largeur) : 50 cm
- Pressions en résine : 4
- Règle
- Équerre
- Craie ou stylo effaçable
- Ciseaux
- Machine à coudre
- Fer à repasser
- Fil à coudre assorti
- Saladier d'environ 22 cm de diamètre
- Plateau d'environ 40 cm de diamètre
- Pied de biche spécial pour fermetures à glissière

RÉALISATION

1 Coupez dans le tissu : 1 × (62 × 102 cm) pour le dos de la housse, 1 × (24 × 62 cm) et 2 × (31 × 80 cm) pour le devant de la housse et 2 × (8 × 56 cm) pour les anses (les marges de couture sont incluses). Surfilez autour de tous les morceaux de tissu, sauf les anses.

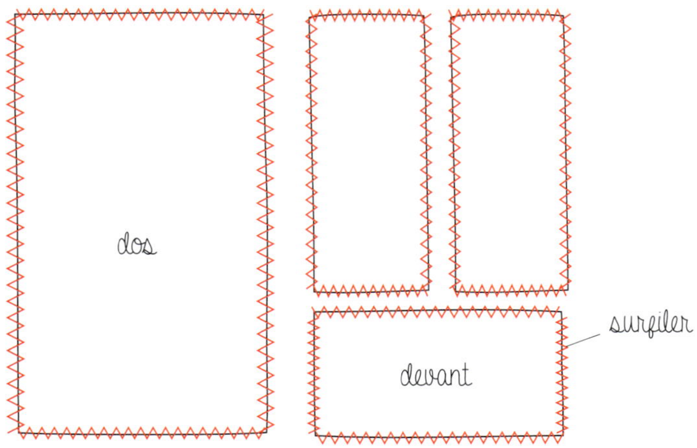

2 Commencez par préparer les anses. À l'aide du fer à repasser, marquez un pli à 1 cm sur chaque côté des longueurs. Pliez le tissu en deux, envers contre envers, épinglez et surpiquez à 0,5 cm.

3 Poursuivez avec le devant de la housse. Épinglez les morceaux de tissu de 31 × 80 cm de part et d'autre de la fermeture à glissière, endroit contre endroit (l'arrêt en haut de la fermeture à glissière doit se trouver à 1 cm du bord du tissu). Piquez les hauteurs à environ 1 cm du bord avec le pied de biche spécial pour fermetures à glissière. Repassez bien à plat et surpiquez de part et d'autre de la fermeture à glissière à 3 mm. Épinglez le morceau de tissu de 24 × 62 cm au bas de ces deux hauteurs, endroit contre endroit. Piquez à 1 cm, repassez bien à plat et surpiquez la partie basse à 3 mm.

4 Continuez avec le dos de la housse. En bas, sur l'endroit du tissu, tracez une ligne horizontale au stylo effaçable à 12 cm du bord du tissu. Marquez le milieu de cette ligne et de part et d'autre, à 8,5 cm, tracez des repères. Épinglez les anses à plat contre ces repères : elles devront dépasser de 1,5 cm au-dessus de la ligne, arrondi tourné vers le bas du tissu. Surpiquez la largeur des anses à quelques millimètres au-dessus de la ligne, en passant plusieurs fois pour bien les fixer. Placez le biais au-dessus des extrémités des anses, contre la ligne, de manière à les dissimuler. Surpiquez le biais, sans l'épingler pour ne pas l'abîmer, de part et d'autre, à 3 mm sur toute sa longueur. Tournez votre tissu et répétez cette étape pour fixer la seconde anse de l'autre côté.

5 À l'aide du saladier, arrondissez les angles du bas de la housse, sur le dos et sur le devant. À l'aide du plateau, arrondissez les angles du haut de la housse, sur le dos et sur le devant. Ces seconds arrondis seront plus allongés, de façon à suivre la forme du cintre que vous glisserez dans la housse.

6 Placez les deux parties de la housse bord à bord, endroit contre endroit. Ouvrez la fermeture à glissière de quelques centimètres. En haut, tracez des repères à 3,5 cm du milieu. Piquez tout autour de la housse, à 1 cm, sauf entre les repères. Au milieu du dos, glissez le ruban plié en deux sous le repli du tissu correspondant à la marge de couture. Surpiquez tout autour de cette sorte d'encolure à 0,5 cm.

7 Retournez la housse sur l'endroit et surpiquez tout autour à 0,5 cm. Fixez les pressions. Au bas de la housse, placez-les premières moitiés de pression à 18 cm du bas et 6 cm des côtés de la housse. Pliez la housse en deux, bord à bord, et repérez l'emplacement des secondes moitiés de pression, avant de les fixer. Ajoutez deux pressions en haut, à 3,5 cm du bord du tissu contre la fermeture à glissière et à 1 cm du haut de la housse. Placez les premières moitiés des pressions selon les mesures indiquées, puis les secondes en repliant la housse en deux.

À SAVOIR

Pour utiliser cette housse à vêtements lors de vos déplacements, en position pliée, pensez à utiliser un cintre léger et maintenez-le en nouant le ruban autour de sa base.

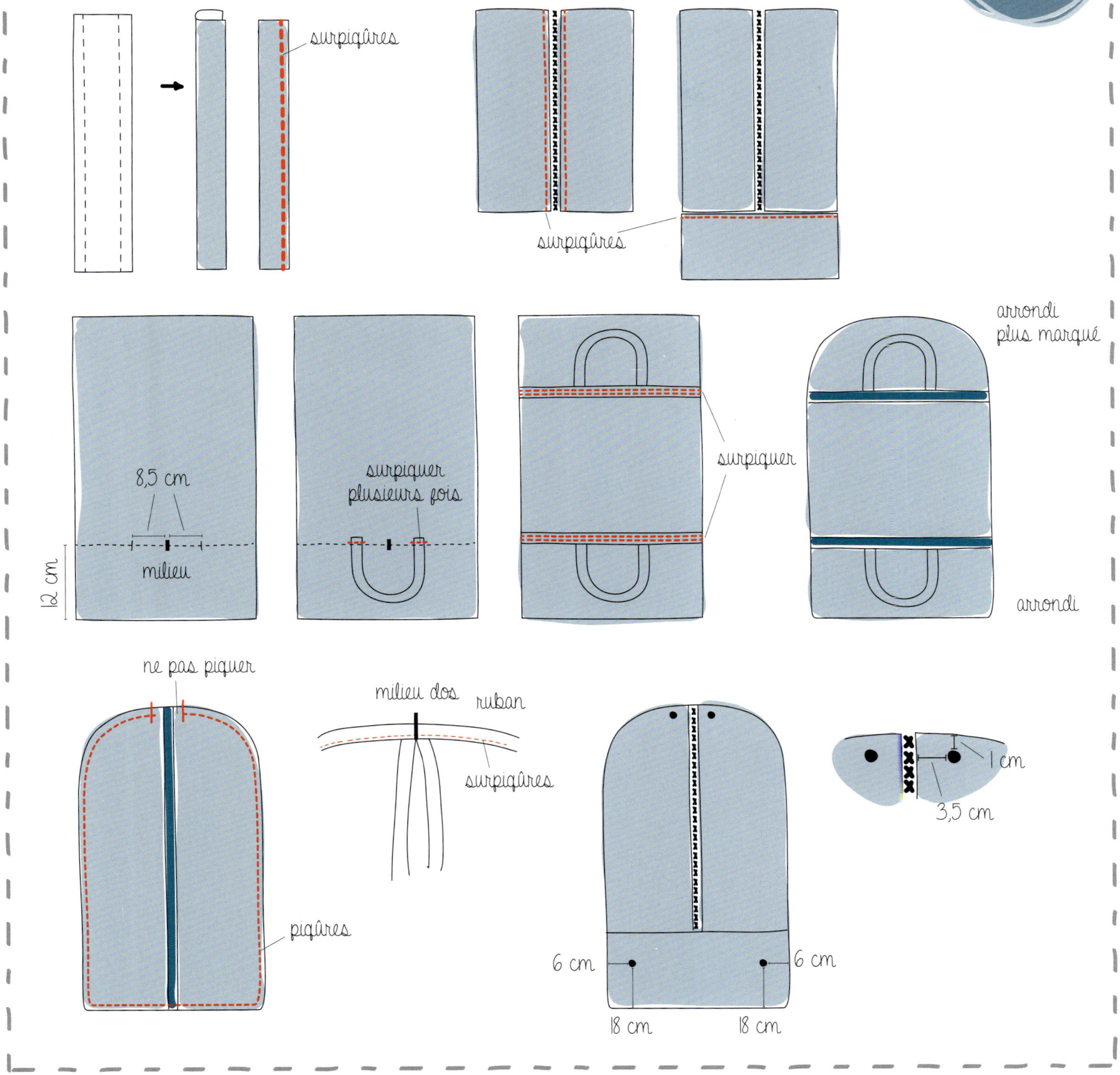

surpiqûres
surpiqûres
8,5 cm
milieu
12 cm
surpiquer plusieurs fois
surpiquer
arrondi plus marqué
arrondi
ne pas piquer
piqûres
milieu dos
ruban
surpiqûres
1 cm
3,5 cm
6 cm
6 cm
18 cm
18 cm

FACILE *

LES SACHETS DE LAVANDE

Dimensions : 10 × 10 cm • **Réalisation** : 30 min

Les sachets de lavande, outre leur bénéfice olfactif, sont de parfaits antimites ! À la place de la lavande, vous pouvez aussi utiliser des brins de thym ou de romarin si vous en avez à votre disposition.

Matériel

- Tissu fin non extensible (coton ou lin) : 12 × 22 cm par sachet
- Fermeture à glissière non séparable de 10 cm
- Lavande séchée en vrac
- Règle
- Équerre
- Craie ou stylo effaçable
- Ciseaux
- Machine à coudre
- Fil à coudre assorti
- Fer à repasser
- Pied de biche spécial pour fermetures à glissière

RÉALISATION

1 Si nécessaire, recoupez le tissu aux bonnes dimensions (12 × 22 cm, marges de couture incluses). Surfilez tous les côtés du tissu.

2 Placez la fermeture à glissière contre un petit côté du tissu, endroit contre endroit. Épinglez et piquez à 1 cm du bord avec le pied de biche spécial pour fermetures à glissière (largeur d'un demi-pied de biche).

3 Placez l'autre côté de la fermeture à glissière sur le côté opposé du tissu, toujours endroit contre endroit. Épinglez et piquez à environ 1 cm.

4 Ouvrez la fermeture à glissière. Aplatissez le sachet en répartissant bien le tissu de part et d'autre de la fermeture à glissière, qui doit être bien centrée (5 cm de chaque côté en partant du centre). Épinglez les côtés en maintenant le haut de la fermeture à glissière bord à bord. Piquez les deux côtés restants à 1 cm du bord. La couture doit se placer juste après la fin du curseur, en haut de la fermeture à glissière, et juste après la base métallique, en bas.

5 Retournez le sachet par l'ouverture de la fermeture à glissière, poussez le tissu dans les angles et repassez les coutures bien à plat. Garnissez de lavande, que vous pourrez renouveler chaque année.

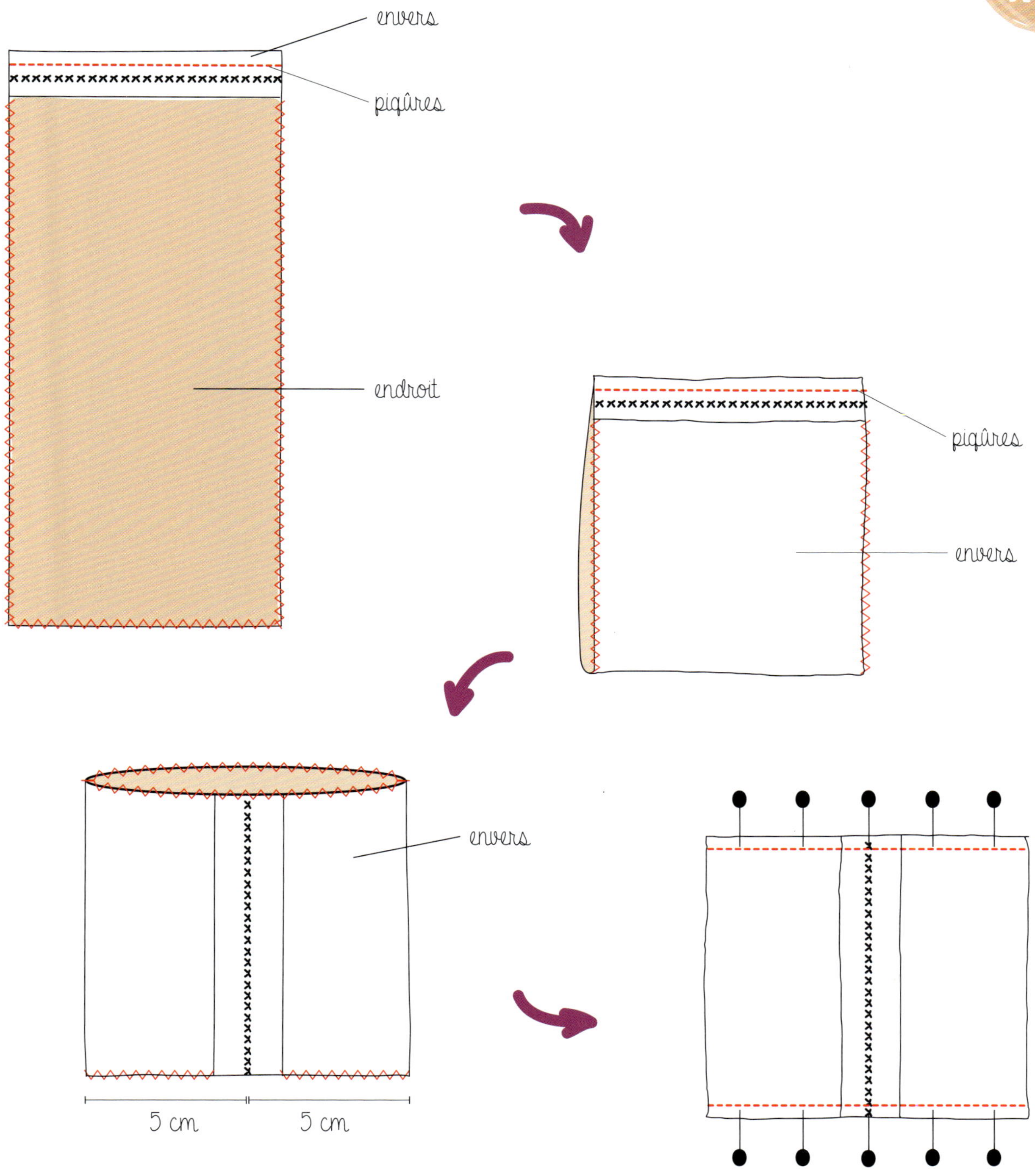
envers
piqûres
endroit
piqûres
envers
envers
5 cm
5 cm

DÉCO NATURE

FACILE
*

LE CACHE-POT

Dimensions : 27 × 30 cm • **Réalisation :** 1 h 30

Si les vertus des plantes d'intérieur sont nombreuses, alors commencez par chouchouter votre plante préférée avec ce cache-pot !

Matériel

- Toile de jute : 0,40 × 1,10 m de laize minimum
- Tissu non extensible épais (coton ou lin, de préférence) : 0,40 × 1,10 m de laize minimum
- Entoilage thermocollant fort : 0,40 × 1,10 m
- Règle
- Équerre
- Craie ou stylo effaçable
- Ciseaux
- Machine à coudre
- Fer à repasser
- Fil à coudre assorti

RÉALISATION

1 Coupez dans la toile de jute, ainsi que dans le tissu destiné à la doublure et dans l'entoilage : 1 × (35 × 83 cm) et un disque de 27 cm de diamètre (les marges de couture sont incluses). Thermocollez l'entoilage sur la doublure. À l'aide du fer à repasser, marquez un pli à 1 cm sur la longueur du rectangle de toile de jute et sur celle de la doublure entoilée, vers l'envers, puis dépliez.

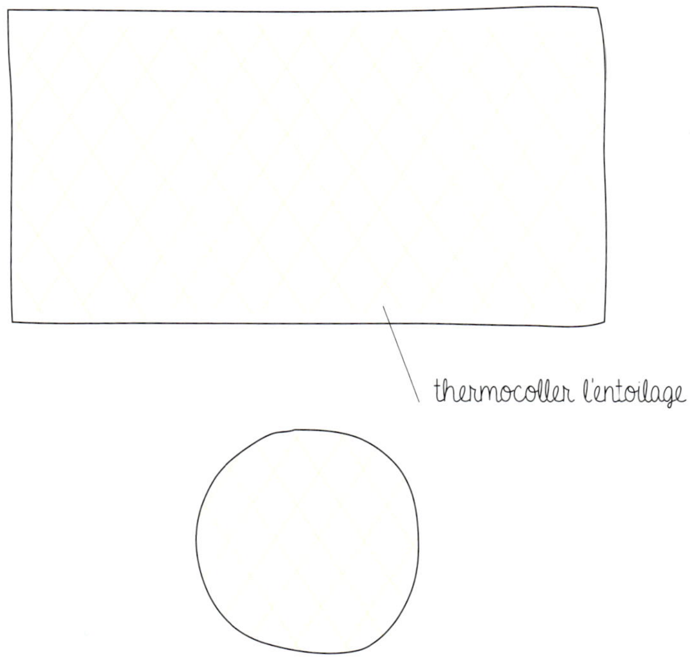

2 Épinglez les largeurs des rectangles bord à bord, endroit contre endroit, pour former deux cylindres. Piquez à 1 cm d'un bout à l'autre sans vous arrêter au pli. Repassez pour ouvrir les coutures.

3 Épinglez les disques au bas de chaque cylindre, endroit contre endroit. La partie comportant le pli devra se trouver en haut. Piquez à 1 cm. Vous obtenez ainsi deux sortes de sacs qui vont se superposer.

4 Retournez le sac en toile de jute sur l'endroit et insérez le sac en doublure à l'intérieur. Repliez 1 cm sur le haut de chaque partie, suivant les repères précédemment marqués au fer. Les deux plis devront se placer l'un contre l'autre. Surpiquez le haut du cache-pot à 0,5 cm. Repassez et repliez le haut du cache-pot sur lui-même, pour obtenir un revers de 6 cm.

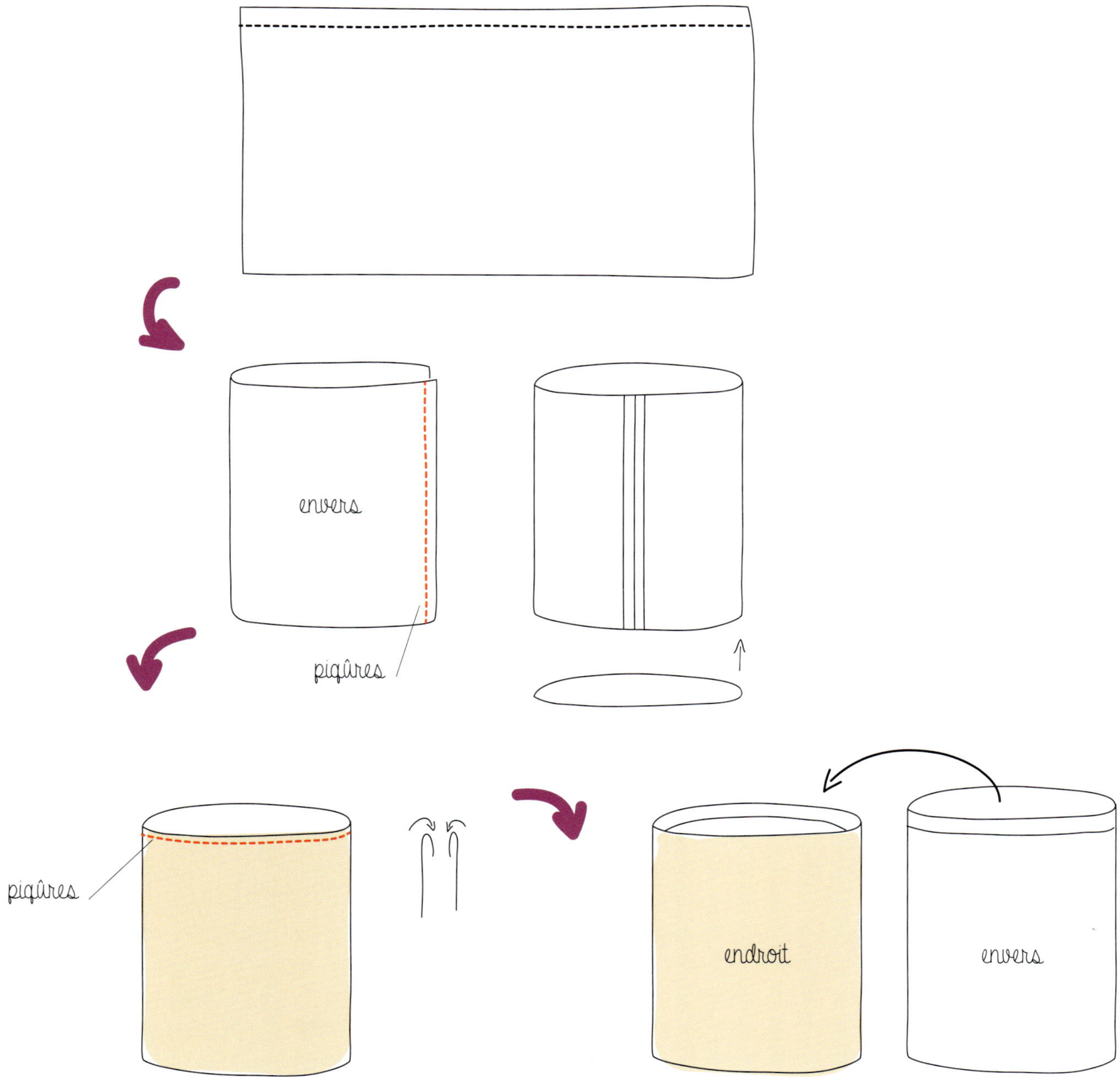
envers
piqûres
piqûres
endroit
envers

MOYEN
**

LE PLAID

Dimensions : 1,40 × 1,40 m • **Réalisation :** 2 h 00

Pour faire des économies d'énergie, certains baisseront leur chauffage de quelques degrés et pourront compenser l'écart de température grâce à ce plaid douillet !

✂ Matériel

- Tissu non extensible normal ou épais (coton ou lin, de préférence) : 1,50 × 1,45 m de laize
- Tissu « douillette » assorti : 1,50 × 1,45 m de laize minimum
- Ouatine fine : 1,50 × 1,45 m de laize minimum
- Règle (grande)
- Équerre
- Craie ou stylo effaçable
- Ciseaux
- Machine à coudre
- Fer à repasser
- Fil à coudre assorti
- Saladier d'environ 22 cm de diamètre

Réalisation

1 Recoupez le tissu principal en carré. Adaptez les mesures à la laize de votre tissu : si sa largeur est de 1,45 m, tracez un carré de 1,45 × 1,45 m. Comme il s'agit d'un grand métrage, les coupes et les assemblages seront ainsi plus faciles.

2 Coupez dans le tissu « douillette » un carré de même dimension. Répétez cette étape pour la ouatine, en plaçant sur elle le tissu principal pour vous guider.

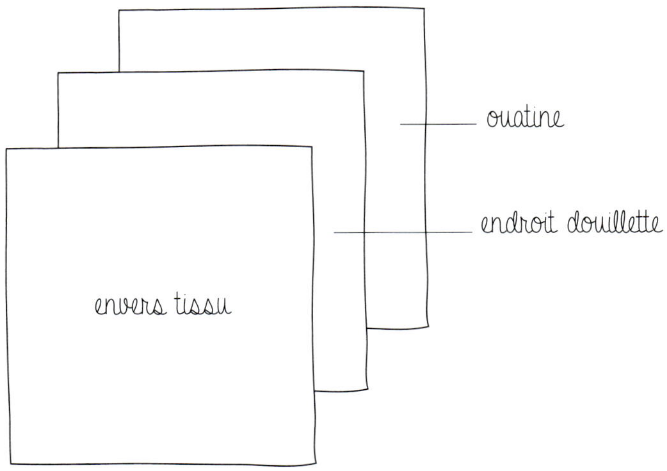

3 Positionnez les trois carrés les uns sur les autres : d'abord la ouatine, puis le tissu « douillette » à l'endroit, et enfin le tissu principal à l'envers. Ajustez vos coupes si nécessaire pour qu'ils soient bien placés bord à bord.

4 Épinglez les trois tissus ensemble. À l'aide du saladier, arrondissez leurs angles avant de coudre, car en raison de l'épaisseur des tissus, des coins bien droits seraient difficiles à obtenir. Si vous en avez le courage, faites passer un fil de bâti tout autour des carrés pour éviter qu'ils glissent lors de la couture. Tout au moins, rapprochez bien vos épingles et évitez de trop manipuler les tissus à la verticale avant de les piquer.

5 Piquez tout autour, à 2 cm du bord, en laissant une ouverture de 30 cm.

6 Retournez le plaid sur l'endroit et refermez l'ouverture à la main (les points glissés seront difficiles à réaliser avec la douillette, mais de petits points réguliers sur la bordure feront très bien l'affaire).

Facultatif

Vous pouvez ajouter des boutons recouverts de tissu à intervalles réguliers, au centre du plaid, ou éventuellement des surpiqûres si vous souhaitez davantage de maintien.

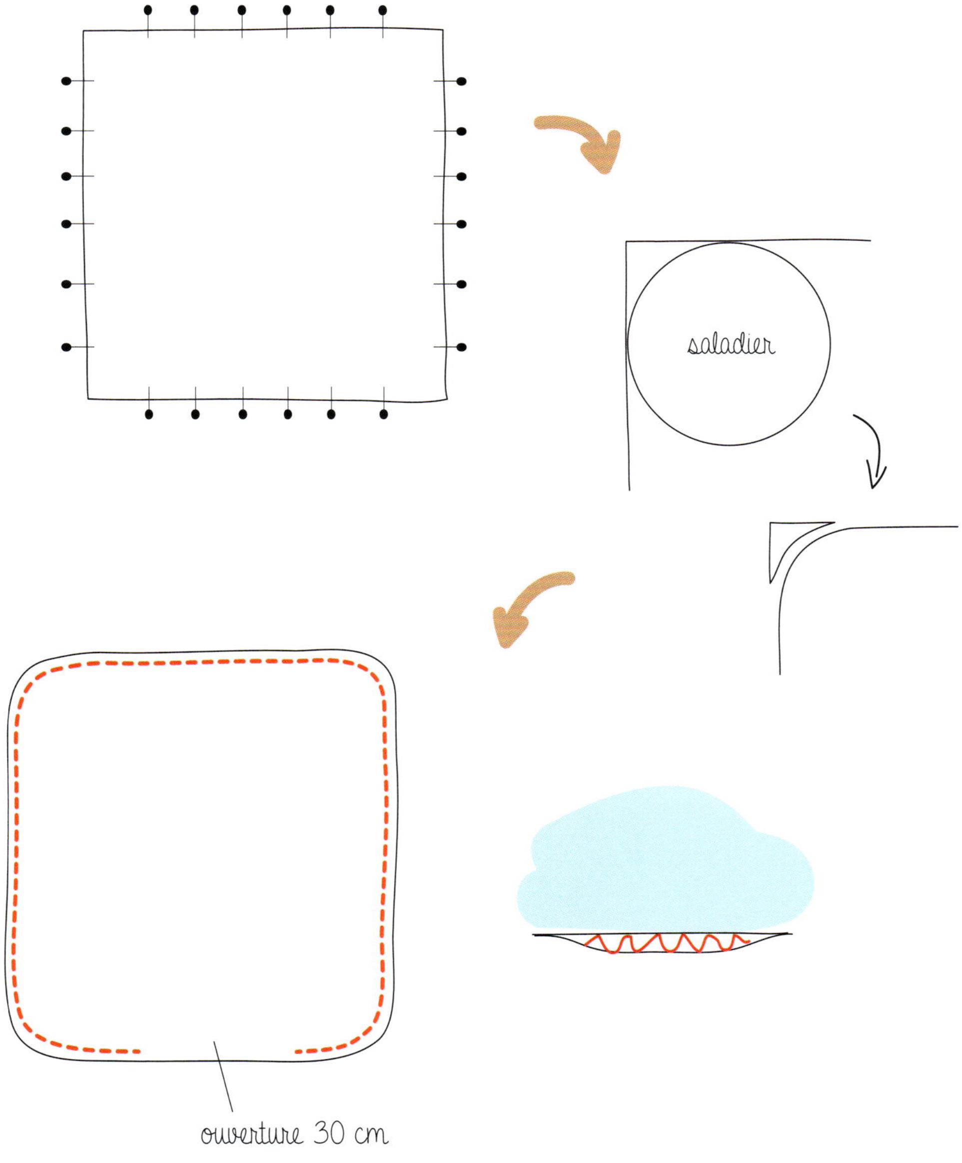
saladier
ouverture 30 cm

MOYEN
**

LES FLEURS EN TISSU

Dimensions : 10 × 10 cm (hors tiges) • **Réalisation :** 2 h 00

Les fleurs en tissu de ce bouquet original ne se faneront pas et braveront toutes les saisons, vous pourrez en profiter longtemps...

✂ Matériel

- Tissus non extensibles de plusieurs coloris et motifs (coton ou lin, de préférence) : 10 × 80 cm par fleur pour la tulipe et le dahlia, 0,10 × 1,30 m pour l'hortensia
- Biais vert : 30 cm
- Entoilage épais : 1 disque de 8 cm de diamètre pour l'hortensia
- Fil de fer de bonne tenue : 40 cm par fleur
- Règle
- Équerre
- Compas
- Craie ou stylo effaçable
- Ciseaux
- Fer à repasser
- Fil à coudre assorti
- Pistolet à colle
- Scotch de peintre

Réalisation

Trois modèles de fleurs sont proposés : l'hortensia (en forme de boule), la tulipe (pétales arrondis) et le dahlia (pétales pointus). J'ai réalisé pour ce bouquet deux fleurs suivant chacun des trois modèles.

1 Commencez par l'hortensia. Si ce n'est pas déjà fait, coupez un disque de 8 cm de diamètre dans l'entoilage. Coupez dans le tissu 12 disques de 10 cm de diamètre. Pliez-les en quatre et marquez la pointe du quart de cercle avec l'ongle. À l'aide du pistolet à colle, collez-les quatre par quatre en encollant uniquement le centre, sur trois épaisseurs. Repliez le disque d'entoilage en deux sur lui-même et collez-le après avoir glissé l'extrémité d'une tige en fil de fer. Ajoutez quelques petits points de colle entre l'entoilage et les morceaux de tissu pour obtenir une boule harmonieuse.

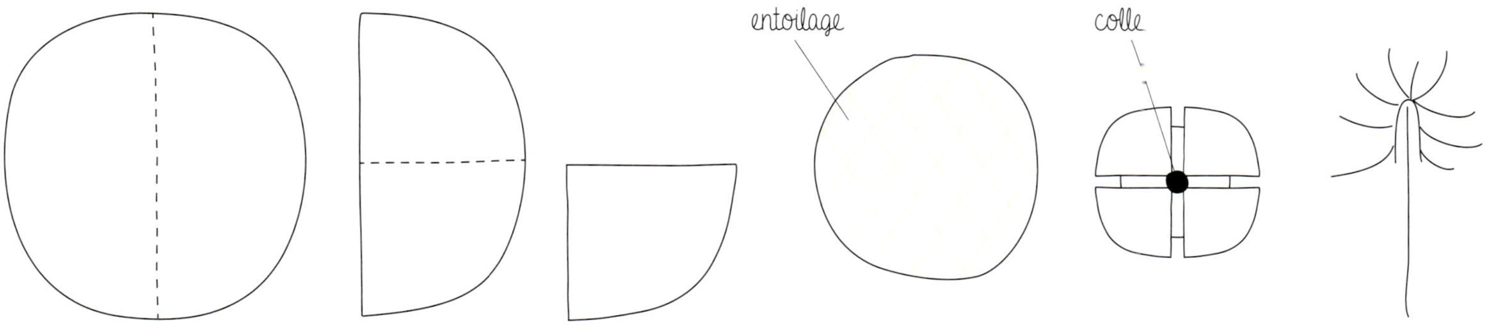

2 Poursuivez avec la tulipe. Coupez dans le tissu une bande de 10 × 77 cm. Pliez-la en accordéon tous les 7 cm. À l'aide du stylo effaçable, tracez un arrondi dans la partie haute du tissu, à 5 cm de la base. Coupez toutes les épaisseurs ensemble en suivant l'arrondi uniquement. Dépliez le tissu et faites passer un fil de fronces à 2 cm de la base du tissu. Arrêtez le fil et enroulez les fronces sur elles-mêmes. Maintenez la base avec une petite longueur de scotch de peintre. Coupez dans le biais vert des cercles de 5 cm de diamètre et coupez-les en demi-cercles. À l'aide du pistolet à colle, collez deux ou trois demi-cercles de biais sur la base de la fleur. Glissez l'extrémité d'une tige en fil de fer sous l'un des morceaux de biais.

3 Terminez avec le dahlia. Coupez dans le tissu une bande de 10 × 77 cm. Pliez-la en accordéon tous les 7 cm. À l'aide du stylo effaçable, tracez une pointe dans la partie haute du tissu, à 2 cm de la base. Coupez toutes les épaisseurs ensemble en suivant la pointe uniquement. Procédez comme dans l'étape précédente pour le montage de la fleur.

TULIPE

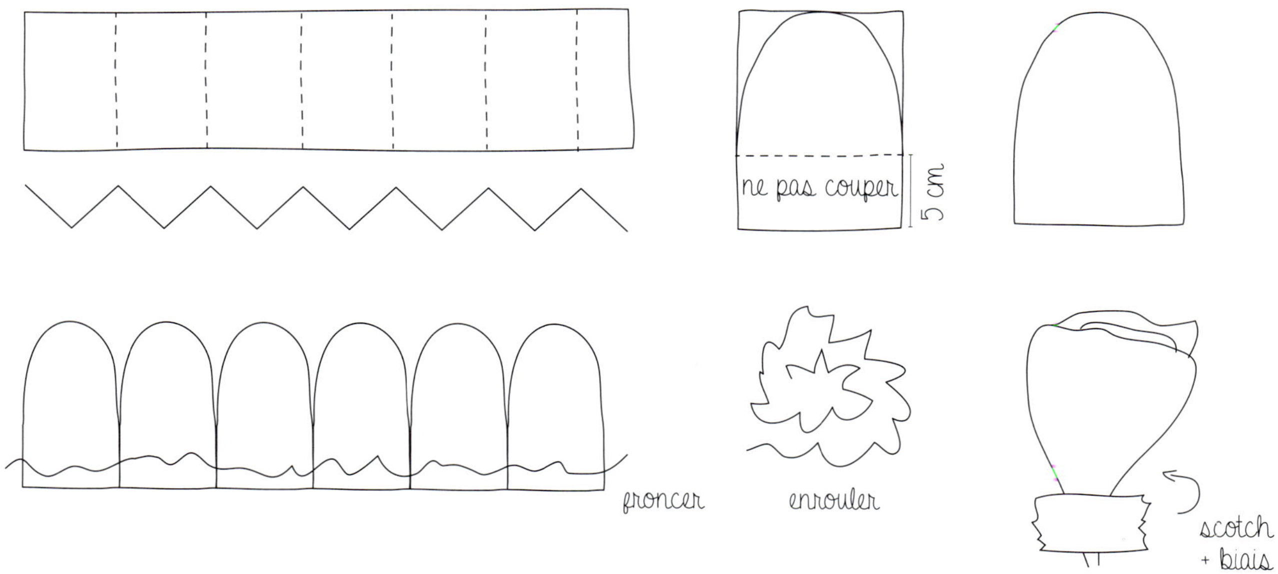

DAHLIA

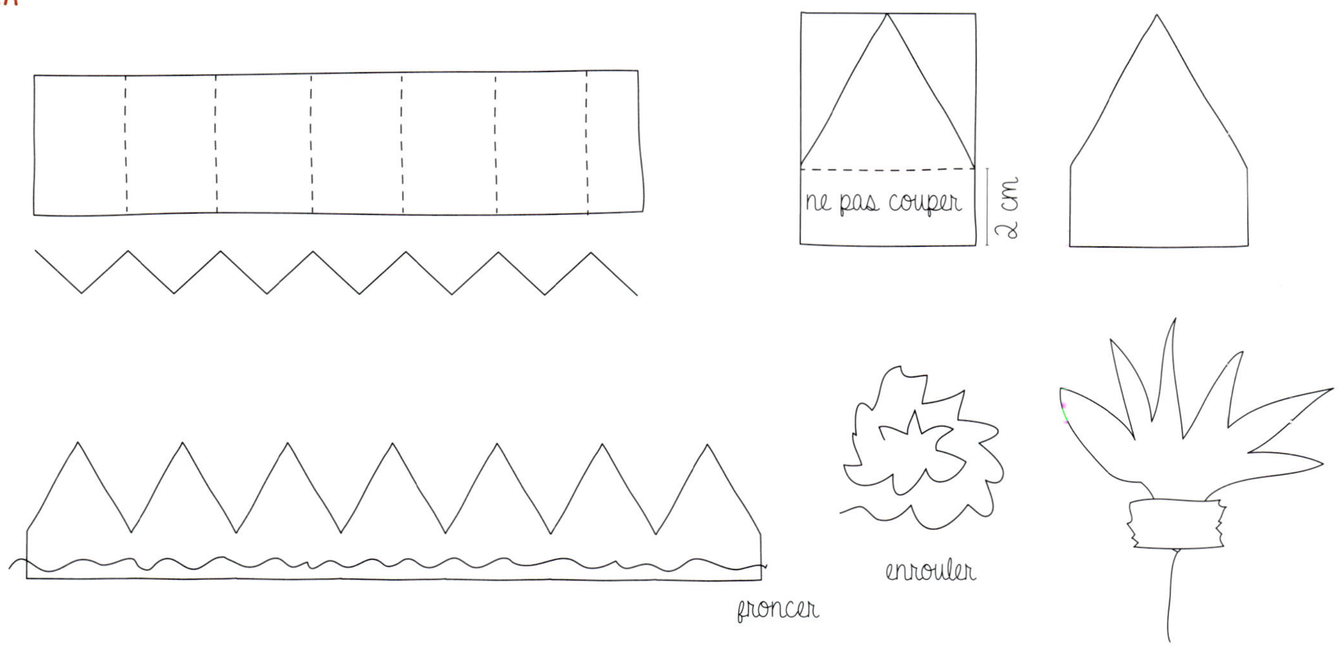

REMERCIEMENTS

Je voudrais remercier toute l'équipe des Éditions L'Inédite de m'avoir fait confiance pour cette troisième collaboration et d'avoir déployé son énergie autour de ce nouvel ouvrage, de façon à le faire exister et connaître. Merci tout particulièrement à Sophie Rouanet, Mathilde Poncet, Virginie Lancia, Hélène Lorillard et Mireia Salazar, pour leur énergie fantastique, leur gentillesse et leur disponibilité.

Merci, une nouvelle fois, à Betül Balkan pour la finesse de son travail de stylisme et de photographie autour de mes créations.

Merci à Marine Nagel-Lacroix, Annabelle Launay et à leur équipe de Mondial Tissus, pour m'avoir fourni tous les tissus utilisés dans ce livre.

Deux marques responsables se sont aussi glissées dans les photos de ce livre : merci à Uyen de Born to Be Wild pour ses fabuleuses infusions et à Lamazuna pour leurs produits de soin solides.

Merci, toujours, à Antoine de son soutien dans ce nouveau marathon et de son accompagnement précieux dans tous mes projets. Merci aussi à Tristan, déjà si enthousiaste pour la créativité !

Merci aussi à ma famille et à mes amis de comprendre mes moments d'éclipse le temps que mes publications voient le jour.

Enfin, un merci très particulier à toutes les créatives qui suivent mes aventures sur mon blog et sur les réseaux, ainsi qu'à travers mes livres. J'espère vous donner envie de vous lancer dans de nouvelles réalisations !

Crédits

Préparation et correction : Anne-Lise Martin
Maquette intérieure : Istria
Couverture : Laurence Maillet
Photographies : Betül Balkan

10, place des Cinq-Martyrs-du-lycée-Buffon - 75015 Paris - France
ISBN : 978-2-35032-384-8

Achevé d'imprimer en juillet 2020 par Polygraf
Second tirage
Dépôt légal : mai 2020
Imprimé en Slovaquie

Cet ouvrage est composé de matériaux issus de forêts bien gérées certifiées FSC®, de matériaux recyclés et de matériaux issus d'autres sources contrôlées.

FSC www.fsc.org MIXTE Issu de sources responsables FSC® C023577